ESTA PUBLICACIÓN HA SIDO POSIBLE
GRACIAS A UNA SUBVENCIÓN CONCEDIDA POR LA
FUNDACION INTERNACIONAL TOSHIBA

THIS PUBLICATION IS MADE POSSIBLE BY A GRANT FROM THE
TOSHIBA INTERNATIONAL FOUNDATION

Noviembre, 1992

BOLETÍN DE LA FUNDACIÓN FEDERICO GARCÍA LORCA
Año VI, número 12
Noviembre 1992

CONSEJO DE REDACCIÓN
Isabel García Lorca
Margarita Ucelay
Andrew A. Anderson
Christopher Maurer
Piero Menarini

EDITOR LITERARIO
Mario Hernández

DIRECTOR GERENTE
Manuel Fernández-Montesinos

PRODUCCIÓN
R.C., Estudio Gráfico

Editado semestralmente por la
© FUNDACIÓN FEDERICO GARCÍA LORCA
Jorge Manrique, 27
28006 Madrid

© 1987 diseño gráfico: Gonzalo Armero

Impresión: Gráficas Minaya

ISSN: 0214-3771
DL: M. 40885-1988
Printed and made in Spain

Í N D I C E

Este número misceláneo del Boletín de la FGL vuelve a indagar, como el noveno, sobre la fértil interrelación entre poesía y pintura, pero desde un nombre central de la pintura y el pensamiento español contemporáneo: Ramón Gaya. Con la amable colaboración del pintor recogemos una larga entrevista, testimonio de alto valor histórico y evocativo, otros textos suyos complementarios y tres cuadros de su producción última, que se reproducen en páginas aparte. A esta presencia plástica se añaden materiales inéditos que proceden de los fondos de la Fundación FGL: dos decorados y dos figurines, realizados por el propio Gaya para el entremés de *Los dos habladores* en su representación por La Barraca dirigida por Federico García Lorca (1932).

De otro pintor ligado a La Barraca y a García Lorca, José Caballero, recogemos unas páginas póstumas, amablemente cedidas por su viuda, María Fernanda Thomas de Carranza. Son notas de trabajo, quizá para una conferencia, sobre los dibujos del poeta. No constituyen texto trabado. Caballero escribió y reescribió sus observaciones, críticas y evocativas, sin llegar a una versión última. Aquí se ha procedido a un montaje secuencial y selectivo, pero que abarca el núcleo esencial del trabajo crítico del pintor sobre el poeta. Las notas están sin datar, pero Caballero debió comenzarlas a la vista de la recopilación de Gregorio Prieto de dibujos de Lorca (1955) y ante la exposición de esos mismos dibujos en el Museo Español de Arte Contemporáneo (1986). Así lo sugieren menciones del libro de Prieto o la cita de un texto de Mario Hernández que figuraba en una de las paredes del Museo durante la exposición.

Un dibujo desconocido del poeta, *El viento Este*, nos llega de Cataluña y desde la exposición barcelonesa en las Galerías Dalmau en 1927. Este importante añadido al corpus plástico lorquiano vino de manos de Salvador Riera, a quien este *Boletín* agradece su generosa colaboración. El dibujo ha figurado previamente en el catálogo de la exposición *Avantguardes a Catalunya (1916-1939)* en el mes de julio de este año, en la Pedrera de Gaudí, organizada por la Fundació Caixa de Catalunya y Olimpiada Cultural, que se reproduce aquí a todo color por primera vez.

Pintura y poesía confluyen en un raro documento de la misma Fundación: un poema japonés y en esa lengua, procedente del fondo de papeles del poeta, huella posible de la estancia en Granada –primeros años veinte– de un estudiante de aquella nacionalidad, Koichi Nakayama, que aparece en el entorno de Lorca y Falla. Aquí aparece presentado y traducido por el máximo experto en poesía y literatura japonesas, el profesor Fernando Rodríguez-Izquierdo Gavala, quien ha realizado para este mismo número una antología del haiku contemporáneo.

NOTA DE LA REDACCIÓN

Nos situamos casi a la vuelta del primer cuarto de nuestro siglo (1924-1925). Un amigo japonés de Federico García Lorca, al pasar por Granada, dedica a nuestro poeta el breve poema que hoy publicamos, caligráficamente escrito de su propia mano. Por la firma del poema es difícil –incluso para profesores japoneses, a quienes hemos consultado– llegar a leer el nombre de su autor. Pudo ser Koichi Nakayama, un japonés que aparece en el entorno granadino de García Lorca y Manuel de Falla al comienzo de los años veinte. José Mora Guarnido, en su biografía *Federico García Lorca y su mundo*, cuenta cómo Koichi Nakayama –que después pasó al cuerpo diplomático– escribía y "dibujaba" a sus amigos poemas japoneses. En todo caso, la firma que aparece junto al poema no parece ser del tal Sr. Nakayama, aunque sí podría ser un pseudónimo suyo, o bien podía tratarse de un poema perteneciente a otro autor y reproducido por él.

Estamos ante un "tanka" o " waka", la forma consagrada de la canción poética japonesa por antonomasia. "Tanka" significa "canción breve"; y "waka", "canción japonesa". Su pauta métrica es de cinco versos, con el siguiente número de sílabas respectivamente: 5/7/5//7/7. En su primera parte o estrofa coincide con la pauta métrica del haiku (5/7/5).

La lectura de este poema es como sigue:

> Toshigoto ni
> katamuku ie no
> niwasumi ni
>
> hitori iromasu
> daria no akasa.

Y en traducción literal:

> año-cada- (en)
> inclinar(se)-casa-(de)
> jardín-rincón- (en)
>
> solitari(a)-color-aumentar
> dalia-(de)-rojez

La traducción literaria, siguiendo la pauta métrica ya indicada del tanka, y conservando el mismo número de sílabas en español, sería:

> En un rincón
> del jardín de esta casa
> que va inclinándose
>
> con los años, más roja
> crece sola la dalia.

Tal vez una estampa, como una acuarela viva, que el poeta contempló por aquellos cármenes de Granada.

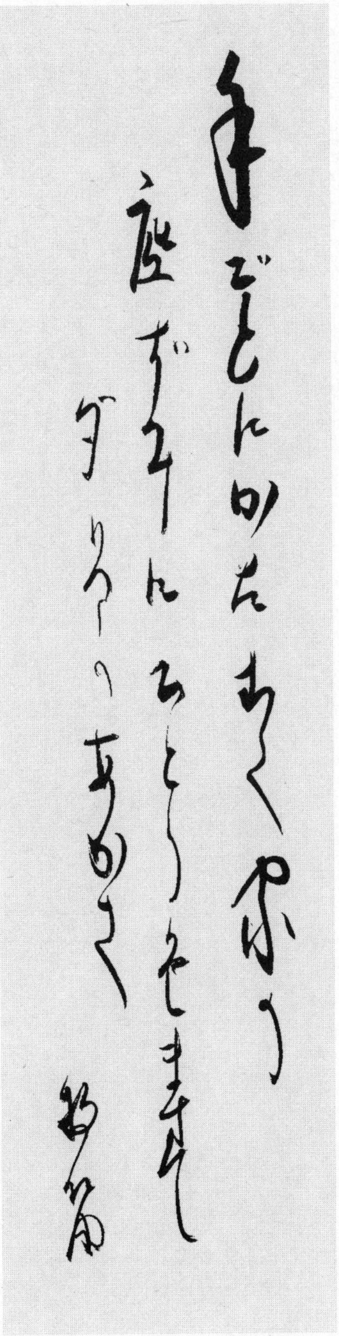

AUNQUE RAMÓN GAYA goce hoy de un justo reconocimiento, a partir de una más extensa difusión de su obra, quizá será útil esbozar, en apretada síntesis, la trayectoria de su biografía de pintor, ensayista y poeta. Esta síntesis sirve de marco para la entrevista que le hemos realizado.

Nacido en Murcia, en 1910, participa por primera vez en una exposición colectiva a los diez años. En 1927 colabora en *Verso y prosa*, con el apoyo de Jorge Guillén, y conoce al pintor inglés Cristóbal Hall.

A partir de 1928 establece relación con Juan Ramón Jiménez y con la mayor parte de los poetas del grupo del 27. Ese mismo año realiza su primer viaje a París, en compañía del inglés Darsye Japp y de los pintores murcianos Pedro Flores y Luis Garay, con los que expone en la galería Les Quatre Chemins. Entabla sus primeros contactos con Picasso, Cassou, Bores, Max Jacob y Corpus Barga, entre otros.

En 1929 viaja con C. Hall por Andalucía. En 1933 empieza a publicar sus primeros artículos sobre arte en el periódico madrileño *Luz*. Viaja por toda España como uno de los responsables del Museo Ambulante de las Misiones Pedagógicas. Conoce en Madrid a Rosa Chacel, María Zambrano, Luis Cernuda y Concha de Albornoz.

En 1937 forma parte en Valencia, con Rafael Dieste, Manuel Altolaguirre, Juan Gil-Albert y otros, de la redacción de la revista *Hora de España*.

En 1939 su primera mujer muere en un bombardeo en Figueras. Exiliado en México desde 1940, tras pasar por un campo de concentración francés, colabora en las revistas *Taller*, *Romance*, *El hijo pródigo* y *Las Españas*. Traba amistad con Octavio Paz, Xavier Villaurrutia, Salvador Moreno, Tomás Segovia y Enrique de Rivas.

En 1952 vuelve a Europa. Pasa casi un año en París y varios meses en Venecia.

Tras una nueva estancia de cuatro años en México, regresa a Italia y se instala en Roma, donde aún conserva un estudio en el que suele pasar largas temporadas.

En Italia se fortalece su amistad con María Zambrano y conoce a Giacomo Manzù, Elena Croce, Elemire Zolla, Italo Calvino, Carlo Levi, Lionello Venturi y el escultor valenciano, prematuramente fallecido, Carmelo Pastor. Se publican, vertidos al italiano, algunos ensayos de su libro *El sentimiento de la pintura*.

En 1960, animado por algunos amigos, realiza una exposición en Madrid que pasa inadvertida. Ese mismo año se edita *El sentimiento de la pintura* y regresa a Italia. En 1969 publica en Barcelona *Velázquez, pájaro solitario* y colabora en *Il Mondo*, de Roma, con varios artículos.

En 1974 abre un estudio en Valencia. Participa en la exposición madrileña de la galería Multitud "Orígenes de la Vanguardia Española: 1920-1926". Cuatro años después la misma galería expone una antológica de su obra, que ayuda a extender su nombre entre las generaciones más jóvenes.

En Murcia, con motivo de sus setenta años, se reúne en 1980 una exposición antológica y se publica un *Homenaje a Ramón Gaya*. Al año siguiente visita México con su segunda esposa, Isabel Verdejo.

En 1982 ve la luz su *Homenaje a Picasso* y *Nueve sonetos del diario de un pintor*. En los dos años siguientes realiza algunas exposiciones y colabora en revistas literarias. En 1984 la editorial madrileña Trieste publica la segunda edición de su *Velázquez...* y Pre-Textos, de Valencia, su *Diario de un pintor 1952-1953*. También se le dedicará una exposición antológica en el Museo de Bellas Artes de San Pío V, de Valencia. Abre entonces un estudio en Madrid.

En 1985 se le concede la Medalla de Oro de las Bellas Artes. Entre 1985 y 1987 se suceden sus colaboraciones en exposiciones colectivas conmemorativas y expone también individualmente.

En 1988, después de una estancia en París y en Venecia, trabaja en Valencia y en Madrid. Al año siguiente se celebra una gran exposición antológica de su obra en el Museo Español de Arte Contemporáneo de Madrid, que se ofrece, igualmente, en la iglesia de San Esteban de Murcia, organizada por el Ministerio de Cultura español y por la Comunidad Autónoma de Murcia. Participa en el ciclo de conferencias "El Museo del Prado visto por los artistas contemporáneos". El Consejo de Gobierno de la Región de Murcia le concede la Medalla de Oro de la Región.

En 1990 cierra el ciclo de conferencias sobre Velázquez en el Museo del Prado. El mismo año se inaugura el Museo que lleva su nombre en la ciudad de Murcia y se editan el primer volumen de *Obra completa* (Valencia, Pre-Textos), y *Algunos poemas del pintor Ramón Gaya* (Granada, La Veleta). En 1992 ha aparecido el segundo volumen de su *Obra completa*, en la misma editorial y ciudad que el primero.

· La entrevista que publicamos fue concedida por Ramón Gaya, a instancias de César Antonio Molina, para *Diario 16*, en cuyas páginas de "Culturas" apareció en forma abreviada (1-VI-1991). La rescatamos aquí íntegra, a petición de este *Boletín*, con el amable acuerdo del pintor.

PREGUNTA— Usted fue un creador precoz. En 1920, cuando sólo tenía diez años, participa en una exposición colectiva, junto a otros pintores adultos, en su ciudad natal. Poco después empieza a escribir. ¿Cuáles fueron los primeros estímulos que recibió?

RESPUESTA— Los primeros estímulos provienen de dos pintores murcianos, Luis Garay y Pedro Flores, mayores que yo. Mis padres, que eran muy humildes, les habían realquilado el salón de nuestra casa para estudio. Yo debía tener entonces nueve años. Lo curioso es que, aunque les debo mucho, no tengo ninguna influencia de ellos.

También tengo que recordar a Juan Guerrero, a Jorge Guillén y a dos pintores ingleses, Windham Tryon y Darsye Japp, sumamente interesantes, que nos mostraron por primera vez reproducciones de cuadros de Picasso y Matisse. Tengan en cuenta que lo más revolucionario que habíamos visto hasta entonces era lo que reproducían *La Esfera, Nuevo Mundo* o *Blanco y Negro* y la pintura de Zuloaga, al que detestaban los viejos pintores de Murcia. Hoy coincido con ellos, aunque por motivos diferentes. Más tarde vino Cristóbal Hall, con el que me unió, hasta su muerte, una gran amistad.

P.— En una ocasión afirmó que Cernuda arremetía contra la familia, "porque contra las familias todo lo que se diga es poco". ¿Cómo le fue con la suya?

R.— A las familias les he tenido siempre miedo. Tienen una ferocidad tremenda. Van un poco a ciegas. Sacrifican todo a sus intereses y objetivos. Sin embargo, yo no tuve que luchar demasiado con la mía. Mi padre, que era un litógrafo, muy del siglo XIX, tenía una gran devoción por las artes, las letras y, sobre todo, por la música. Sus dos grandes pasiones eran Nietzsche y Wagner. Su gran dolor fue que yo me inclinara por la pintura.

P.— ¿Cree que el paso por Escuelas y Academias hubiera malogrado su inteligencia espontánea e intuitiva y hubiera cambiado sus puntos de vista sobre el arte?

R.— Yo no he ido a ninguna Academia. Mi padre quiso que fuera a la de Bellas Artes, a copiar del natural. Pero Garay y Flores, que por entonces estaban entusiasmados con el arte de vanguardia, se negaron, porque creían que debía buscarme y encontrarme por mí mismo.

A pesar de esto, creo que las Academias no eran tan malas. Ningún artista auténtico perdía allí sus virtudes esenciales. Es verdad que de ellas salieron pintores con fórmulas y recetas inservibles. Pero esas gentes hubieran sido igual de inútiles sin Academias.

P.— En sus primeros cuadros parecen evidentes las huellas del cubismo. También las prosas líricas que da a conocer en 1927 y 1928 en *Verso y prosa* se sitúan en la estela de Ramón Gómez de la Serna. ¿Podría hablarnos de estos comienzos?

R.— Sí, esas huellas del cubismo siguen siendo evidentes a lo largo de toda mi obra, incluso creo que un poco más marcada en mi producción actual. La verdad es que el cubismo viene a ser, acaso, el último movimiento pictórico... real, que sucede *dentro de la pintura*: lo que viene después no han sido más que... ocurrencias.

Esas *prosas* fueron mi primer pecado. Jorge Guillén, en contra del parecer de mi padre, se empeñó en que se publicaran. Ahora las voy a incluir en la edición de mi *Obra completa*, en Pre-Textos. No me avergüenzo de nada. Me gustaría que se indicara que cuando las escribí sólo tenía dieciséis años. Para mí ese dato no es significativo, pero para el lector sí.

Nunca he negado las influencias que pueda haber en esos poemas en prosa; sin embargo, Pepe Bergamín me dijo una vez: "La forma es un calco de lo de Ramón, pero los temas, lo que tocas, las cosas que has visto son tuyas, no de él, no están copiados de él". Y creo que Bergamín tenía razón. Al jovencito, por mucho sentimiento pictórico o poético que tenga, sin duda le falta "vestimenta"; de ahí que eche mano de lo primero que encuentra a su alrededor. En esa época podía ser un ropaje de Juan Ramón Jiménez o de Ramón Gómez de la Serna, un escritor, desde luego, genial, aunque lleno de broza. Muchas de sus páginas son casi chistes. Pero, de pronto, dice algo... sobre las ligas que lleva una mujer, y nos deja maravillados.

Alguna vez he sentido la tentación de rescatar al mejor Ramón, de ponerlo limpio de polvo y paja, pero en seguida me he convencido de que era imposible, porque en su obra lo bueno y lo malo están muy revueltos. Como en otros autores españoles, el genio se da en él de forma estropajosa –no hay que olvidar que lo español es la genialidad y la vida, la fuerza y la expresividad, no la obra bien hecha–. También es verdad que Ramón tiene obras espléndidas en su totalidad. En *El Rastro*, por ejemplo, ha sabido ver de forma insuperable cómo todas las cosas allí expuestas, aunque estén destrozadas y hechas migas, están, sin embargo, vivas, incluso movibles; mientras que lo que encontramos en las tiendas de los anticuarios no son más que eso: antigüedades.

P.— En 1928 realiza, con Pedro Flores y Luis Garay, una exposición en la galería "Les Cuatre Chemins", de París. Por esas fechas se producen sus primeras decepciones frente al arte moderno en general.

R.— Lo que conocíamos de las vanguardias nos había llegado por los ingleses a los que antes aludí. Uno de ellos, Japp, se ofreció a acompañarnos a París. Gracias a Picasso y a Juan Gris, los españoles teníamos un gran prestigio en ese momento.

Es cierto que al ver los cuadros directamente, en las galerías, en las exposiciones, me llevé una gran decepción. Me pareció que toda esa experimentación cerebral y artificiosa... no tenía consistencia. Incluso cosas que en reproducciones me habían gustado, se me quedaron en muy poco –algo que, naturalmente, no me ocurrió con algunos de los cuadros que vi en el Louvre. Con los Rembrandt, por ejemplo. Sólo se me mantuvieron en pie Cézanne, Van Gogh y, claro, Picasso. Matisse me pareció un pintor natural, auténtico, instintivo, pero corto, modesto. Antes del fauvismo realizó unos paisajes frescos, vivos. Si se hubiera mantenido así habría sido un pintor mucho menos notado –probablemente la Stein no se hubiera fijado en él–, pero más verdadero. Después empezó con unas elucubraciones intelectuales –el peligro de todo creador francés es irse por ahí– para las que no estaba dotado. Le faltaba talento para eso que intentó. Todo lo que pintó en esos últimos años es tristísimo.

Los cuadros de Modigliani me parecieron finos, elegantes, manierísticos –la "maniera" es el peligro que acecha a todo italiano; el peligro nuestro, español, es el cerrilismo–. También Braque se me cayó en seguida. Lo suyo se me antojó una ocurrencia de buen gusto. En cambio, lo de Picasso, aunque fuera una ocurrencia de mal gusto, era tan fuerte, tan atrevido, tan valiente, que había que quitarse el sombrero. Su genialidad, no artística y estética, sino viva, no se parece a nada de lo que ha sucedido en las vanguardias de este siglo.

A los pocos meses regresé a España. Garay también volvió en seguida. En cambio, Flores, que estaba enamoradísimo de la idea de ser un pintor de la escuela de París –de esa especie de internado, reformatorio, hospicio o partido–, se quedó allí. Era un hombre romántico, y, aunque equivocado, actuaba de buena fe. Siento no haber tenido dotes de novelista, porque hubiera sido un héroe literario estupendo.

P.— Poco después, en Madrid, mientras otros creadores a esa edad se suelen debatir en dudas y vacilaciones, usted comienza, con el museo del Prado como punto de mira, a perfilar unas teorías estéticas que ha mantenido sustancialmente hasta hoy. Con frecuencia ha hablado del arte como medio y no como fin, de la creación como "sufrimiento gustoso", de las diferencias entre el artista y el creador, y de la "obediencia" a que está obligado este último. Hasta en uno de sus sonetos precisó: "Lo pintado no es nada; es una cita / –sin nosotros, sin lienzo, sin pintura– / entre algo escondido y lo aparente". ¿Podría hablarnos de estos conceptos?

R.— No, no podría, o mejor, no debería, porque lo que se intenta decir en esos tres endecasílabos no tiene más explicación que esa. Lo que me interesa no es propiamente la obra, sino la criatura: el arte, si no es más que arte –eso que a veces he llamado "arte artístico"– me interesa muy poco.

El poema o el cuadro, es decir, la obra –por muy perfecta que pueda ser–, no es lo que queremos de nosotros ni de los demás, sino el fruto de ese encuentro entre dos algos muy secretos.

Un cuadro es lo que pinta Poussin: unas figuras con unos relieves, con una luz, con un paisaje de fondo, es decir, como si fuera un tapiz. "La Gioconda", de Leonardo, es como un objeto precioso, pero de eso a ser una obra de creación, una obra viva, hay un abismo. En cambio, otros creadores han sido siervos callados de un sentimiento pictórico. Ante los cuadros de Velázquez, el espectador se olvida de los medios expresivos –el color, el dibujo y la composición– para ir al fondo de la vida en todo su misterio.

La personalidad del artista sólo sirve para enturbiar la creación. Lo importante es cómo éste deja el cuadro inservible y logra penetrar en la realidad, en el centro de la vida. Bergamín ya dijo que "el arte verdadero procura no llamar la atención para que se fijen en él". Mondrian tiene que construirse una estética para que entre su cuadro, para justificar lo que hace. Eso no tiene sentido. Es un disparate tener que buscarle razones distintas a la pintura. La pintura es la misma en las cuevas de Altamira que en el siglo XV o en el XX.

P.— ¿Cómo se plasma esto en Nonell y en Solana, dos de los pocos pintores españoles de estos últimos siglos a los que usted salva de la quema?

R.— Dejando aparte el caso de Picasso, que es un fenómeno de la naturaleza, los mejores pintores modernos españoles son, sin duda, Nonell y Solana. Después de Rosales, claro, que es el último gran pintor moderno que alcanza esa envergadura que tuvieron los pintores antiguos, y que hoy ha desaparecido.

A Solana lo traté un poco durante la guerra. Era un hombre encantador, delicado, muy fino, incluso tierno, a pesar de sus exabruptos y de su mucho de zopenco –algo muy español, no hay por qué asustarse–. Era un pintor descomunal, con una inteligencia subterránea tremenda. Tiene la misma expresividad y la misma vigorosa torpeza de Van Gogh –una torpeza, diríamos, exaltada, lírica, cantora–. A Solana, que es un pintor muy pintor, no le interesa el cuadro, hacer un cuadro, sino fijar, detener una historia, algo muy desmesurado que ha visto, de pronto, en la realidad. Incluso cuando se imita a sí mismo –lo que siempre es una falsedad– resulta estupendo.

Con frecuencia se le relaciona, de forma arbitraria, con el expresionismo alemán. La verdad es que ahora no se puede pasar a la historia del arte como no se esté en un "partido" conocido de la pintura. También se hacen esas clasificaciones absurdas por décadas, como si cada una fuera independiente de la anterior. Si a Solana, por narices, se le quiere buscar un antecedente, podría ponérsele en relación con las pinturas negras de Goya, que –por otra parte– son lo mejor de este pintor. También es un escritor de raza; mucho más fuerte que Baroja, o que Valle-Inclán, por ejemplo.

P.— No hay duda de que Cervantes y Galdós se ajustan estrechamente a lo que usted entiende por creador. ¿A qué otros escritores incluiría en esta categoría?

R.— Mi padre consideraba a Galdós un poco anticuado. En eso coincidía con algunos escritores del 98. Yo le he oído a Baroja, en casa de Corpus Barga, decir barbaridades contra él.

Para mí, lo más grandioso de Galdós es la relación armoniosa y solidaria que establece con la realidad. Siempre trata a la realidad como a una igual suya, es decir, sin servilismo ni altanería. De cualquier personaje suyo –incluso del más insignificante– puede sacarse, arrancarse, todo el ser humano. En ese sentido, sólo Tolstoi puede codearse con él, o él con Tolstoi. En una novela como *Ana Karenina* están reunidas y resumidas todas las mujeres, tanto las fieles como las que han engañado a sus maridos.

Lo que buena y tontamente apreciamos en los grandes retratistas es su capacidad para dar con el carácter propio del modelo, del retratado en cuestión. Pero llegar al individuo, no es más que la mitad del camino por recorrer. Porque no sólo se trata de llegar al individuo, sino de sobrepasarlo, de ir más allá de él y toparse de nuevo con el hombre, con el hombre sin más ni más, anónimo.

P.— ¿Tiene que ver su concepto del creador y del artista con las diferencias que ha establecido, sobre todo al referirse a los autores del 27, entre poetas "con verso interior" y "poetas sin verso"?

R.— Hay poetas que escriben versos, pero que no los tienen; incluso escriben versos buenos y hacen poesía buena, pero no tienen verso: el verso no está en ellos. Hay otros que, por el contrario, lo tienen de forma irremediable. Esto ocurre con Cernuda y Bergamín. En Rafael Alberti –gran versificador– el verso suele estar como hecho y puesto desde fuera. También es verdad que, durante la guerra, escribió unos poemas estupendos sobre el cerco de Madrid, no con verso añadido, sino brotado desde dentro; el momento que entonces vivió lo merecía.

García Lorca también era un poeta inspirado. Creo que con el tiempo hubiera podido sobrepasarse, ir más allá. En esto coincidía conmigo Bergamín.

De los demás, el que menos me ha interesado ha sido Aleixandre.

P.— ¿Y Juan Ramón Jiménez?

R.— Juan Ramón, quiérase o no, es una figura descomunal. Ahora no se le quiere ni se le tiene en cuenta siquiera, pero la verdad es que *nuestra época toda* le debe hasta la respiración. Quererle *medio borrar* oponiéndole la figura de Antonio Machado ha sido una tontería. Machado es un magnífico poeta honesto –como me decía un día Cernuda en uno de esos pocos minutos de sinceridad y verdad que nos regalaba a veces a los amigos–, pero Machado no se sostiene, no ya *delante* de Juan Ramón, sino ni siquiera *al lado* suyo. Machado es un buen poeta... "corto", como se dice de algunos buenos toreros. Y su "Mairena", más que corto, se diría sin... altura, una especie de filosofeo... llano, simpático, cuerdo, bonachón, pero nada más. Juan Ramón, en cambio, aparte de ser un poeta excepcional, es acaso el mejor y mayor crítico español. Loco, desde luego, pero de una locura de altura, y no completa y sostenida, seguida, sino... fragmentada, a retazos. ¿Cómo tenerle en cuenta a un poeta su locura mayor o menor, continuada o a saltos? La Poesía misma es locura, y culpar a un poeta de locura es una idiotez.

P.— Como sabe, ha aparecido en Alianza el *Diario* de Zenobia. ¿La trató usted?

R.— A Zenobia la vi muchas veces. Era una persona estupenda. Amable, vital, elegante, muy simpática. Era consciente de que vivía con un hombre dificilísimo. En las reuniones de su casa, intervenía en nuestras conversaciones, con gran naturalidad. Sin embargo, hacia la mitad de la tarde solía levantarse, pedía perdón y nos dejaba hablando –como ella misma decía– de nuestras cosas. Juan Ramón era consciente de que le debía muchísimo. Incluso muere inmediatamente después de ella.

P.— Son pocos los pintores que a lo largo de la historia han expuesto con tanta claridad su credo estético. ¿Qué trascendencia ha tenido esta reflexión para su obra creadora?

R.— Yo no teorizo. No soy crítico –eso no me gusta nada–, ni ensayista. No me interesa exponer ideas estéticas propias ni ajenas. No me gustan los discursos ni los sermones. Escribo, sobre todo, para aclararme las cosas, para poner en orden mi pensamiento. Soy instintivo, pero, aunque soy eso, puro instinto, he buscado someter ese instinto a la reflexión. "Lo espontáneo sometido a los consciente", como dice Juan Ramón.

Lo que pienso del arte y de la pintura es tan amplio, tan general, que excluye toda estrechez de programa, con leyes y normas. Hace tiempo, un amigo, al que estimo mucho, me dijo: "¿No te da un poco de miedo tropezarte un día con un pensamiento sobre arte que esté en contradicción con lo que haces?" Nunca me ha preocupado esto. Cuando pinto me olvido de lo que escribo, y viceversa. La creación poética, la ensayística y la pictórica, aunque son hijas de un mismo padre, han ido siempre cada una por su lado.

P.— María Zambrano intentó acercar la filosofía y la poesía. ¿Para qué le ha servido a usted la creación poética?

R.— Yo apenas escribo poesía. En 1931 compuse un librito de versos, pero hace poco lo he hecho desaparecer. Suelo escribir poemas cuando lo que he sentido y lo que quiero expresar, o atrapar, o señalar, de ninguna manera puedo pintarlo. Muchos de esos poemas son casi pensamiento estético, obedecen a una reflexión artística. Pero siempre se cuela en ellos, por algunos resquicios, un aliento poético, como el que tengo en mi pintura. También ha sido esto lo que me ha impedido escribir más poesía. El poeta que yo hubiera podido ser se cumplía de una forma más terminante y esencial en la pintura. Con el título de *Algunos poemas del pintor Ramón Gaya* he seleccionado para la editorial La Veleta, de Granada, lo que considero más válido.

P.— Durante la República recorrió usted, con las Misiones Pedagógicas, gran parte de la geografía española. Para ellas realizó, junto con Juan Bonafé y Eduardo Vicente, diversas copias de cuadros del Museo del Prado. ¿Qué supuso para usted esta experiencia?

R.— Lo de las Misiones era una vieja idea de Cossío y de los hombres de la Institución Libre de Enseñanza. Durante la República, Cossío, con la ayuda del Ministro de Instrucción Pública, Fernando de los Ríos, pudo ponerla en práctica.

Los de las Misiones íbamos por los pueblos; en ellos dábamos charlas y explicaciones, y dejábamos una biblioteca de cien volúmenes. Yo estaba encargado del museo ambulante. A Cossío le parecía doloroso que hubiera tanta gente que nunca hubiera visto, ni siquiera en copias, los cuadros del Museo del Prado. La verdad es que no se hacía demasiadas ilusiones. No tenía la ingenuidad de creer que el pueblo español estaba ávido de cultura. Tampoco le gustaba la palabra "misiones". No quería que fuéramos a "predicar". "Nada de pedagogía, nada de cronología, no hagan, por Dios, mítines ni discursos", nos decía. Sin embargo, a muchas personas les interesaba lo que veían. Oíamos cosas estupendas, que recogíamos en una especie de diario que llevaba yo.

A veces venía con nosotros Cernuda, sobre todo cuando íbamos al Sur o a Levante. El Norte y Castilla le ahogaban un poco. Por las mañanas, que teníamos libres, salíamos al campo. Mientras él escribía, yo me dedicaba a pintar.

Cossío fue una persona irrepetible, excepcional. Ya no quedan gentes así...

P.— En estos años colaboró usted en el diario *Luz*. ¿Cómo era su director, Corpus Barga?

R.— A Corpus Barga lo conocí en París en 1928. En el diario *El Sol* dedicó un elogioso comentario a la exposición que hicimos Garay, Flores y yo en París. Poco después nos reencontramos en Altea, durante el verano. Fue, además, la primera persona que me habló con entusiasmo de Venecia. Para él era uno de los lugares más hermosos del mundo. Algo en lo que yo coincido, a pesar del tópico de pintoresquismo y de la literatura que se ha hecho en torno a esa ciudad. Era una persona espléndida, un amigo extraordinario.

P.— Durante los años de la guerra usted desarrolló una intensa actividad. Realizó carteles para obras de García Lorca y para el Congreso de escritores que se celebró en julio de 1937. Colaboró en la revista *Hora de España*, pintó algunos cuadros, etc. Sin embargo, estableció unos límites precisos entre el compromiso personal y el artístico. ¿Cuál fue su actitud frente al arte de propaganda, tan difundido en esa época?

R.— Rafael Dieste nos propuso a Sánchez Barbudo, a mí y a otros crear *Hora de España*. Tengan en cuenta que en ese momento la vida intelectual se había interrumpido. Sólo existían las revistas populares, para el Frente, en las que se publicaban, sobre todo, romances. A los del Ministerio de Propaganda

Ramón Gaya, "Ponte Rialto de Carpaccio", 1992,
Roma, 26 × 76 cm. Gouache.

les pareció bien, y se nos dio una libertad absoluta. Al mismo tiempo se hacía *Nueva Cultura*, en la que también colaboré.

Es verdad que realicé algunos carteles –siempre porque me los pidieron–. Sin embargo, nunca me vi haciendo el dibujo de un miliciano con un fusil. No digo que no se puedan hacer cosas así, sino que no eran para mí.

En el primer número de *Hora de España* publiqué un artículo en el que expuse mi idea de que los carteles debían hacerlos artistas con temperamento dramático. Me parecía hiriente que algo tan doloroso como era esa guerra de España contra ella misma se representara con el mismo talante y el mismo tono con que se habían estado anunciando hasta entonces coches, refrescos, pasta de dientes o vinos. Hoy da pena ver todos aquellos carteles tan asépticos. Es cierto que algunos hicieron cosas estimables. Eduardo Vicente, en Valencia, pintó para unos Sindicatos –no me acuerdo cuáles– unos murales muy grandes –a él no le venía grande nada– que eran espléndidos. Arteta hizo dos o tres carteles trágicos, en la línea que yo defendía. También Souto realizó cosas muy válidas.

Sin embargo, el pintor que yo consideraba más adecuado para representar los horrores de la guerra era Solana, que entonces se encontraba en Valencia. Aunque después pensé: "Si Solana hace un cartel, realmente nos metemos debajo de la cama y no salimos a luchar ni a nada…"

P.— ¿Arranca de ahí su polémica con Renau?

R.— Renau se sintió aludido y contestó en el segundo número de *Hora de España*. Allí defendía el cartel a tintas planas, hecho a pistola. No es un secreto que sus carteles, por influencia de los alemanes, se parecen mucho a los de propaganda nazi.

P.— Después de las dolorosas experiencias de la guerra, a finales de 1939 llegó a Veracruz en el barco "Sinaia". En México vuelve a encontrarse con antiguos conocidos y colabora en diversas revistas. ¿Podría resumirnos su vida de estos años?

R.— Veracruz era una ciudad con aire andaluz, de un encanto muy especial. La acogida que tuvimos fue espléndida. En los cafés, la gente se mantenía a distancia, pero no nos dejaba pagar. Sin embargo, algunos periódicos nos trataron con dureza. En realidad, la prensa que estaba en oposición a Cárdenas se aprovechó de nosotros para atacarlo.

Después, en México, en la capital, sobre todo en los primeros tiempos, tenía pocas ganas de relacionarme con los demás. Estaba destrozado por cosas muy íntimas. Veía a Sánchez Barbudo, Juan Rejano, Lorenzo Varela, Juan

Ramón Gaya, "La Visitante", 1992,
Roma, 69 × 100 cm. Gouache.

Ramón Gaya, "El trapo de los pinceles", 1992,
Roma, 69 × 100 cm. Gouache.

Larrea, Eugenio Ímaz, José Bergamín, Mariano Orgaz, Arturo Souto, Soledad Martínez, una amiga estupenda. Pepe Bergamín, al que quise muchísimo –hoy es el amigo, de los que han desaparecido, que más me falta–, tenía una especie de tertulia, en un café, cerca de la Editorial Séneca; sin embargo, yo no iba, porque la gente que pasaba por ella me interesaba poco. Con Gil-Albert, buen amigo, conviví hasta 1947, en que regresó a España; pero ya en esa época íbamos por caminos muy diferentes.

También veía de vez en cuando a Octavio Paz, al que había conocido en Valencia durante la guerra –en *Hora de España* le publicamos algunos poemas–, pero –aunque muy buen amigo también– la verdad es que siempre acabábamos discutiendo. Octavio, un poco más joven que yo, tenía por entonces –y ahora también– preocupaciones muy distintas a las mías.

Más amistad tuve con Salvador Moreno, Tomás Segovia –muy joven entonces– y Xavier Villaurrutia, con el que me entendía muy bien.

En los primeros años, que fueron muy duros, pude pintar con gran libertad, ya que tenía unos clientes que se quedaban con gran parte de mi obra; así es que no tenía que tratar con las galerías, cosa que siempre me ha horrorizado. En México sólo hice dos exposiciones; una de ellas, a puerta cerrada. Publiqué también algunos escritos en *Romance, Taller, Artes Plásticas, Letras de México, Las Españas, Litoral* (de México), *El Hijo Pródigo y Cuadernos Americanos.* Además, di dos conferencias en el Ateneo español.

P.— En 1940 escribió usted un artículo poco entusiasta sobre la Exposición internacional surrealista que se celebró en México. De él comentó Ida Rodríguez Prampolini en su libro *El Surrealismo y el Arte fantástico en México:* "De los artículos que enjuiciaron la exposición, ninguno fue tan claro y directo como el escrito por el pintor Ramón Gaya". ¿Qué opinaba usted de este movimiento?

R.— Siempre creía que el surrealismo tenía una profundidad artificial, postiza, superpuesta, pegada desde fuera. Lo fantaseado y lo imaginado me dejan más bien indiferente; ni siquiera en el momento mismo de estar soñándolos, me he podido creer mis propios sueños.

Desde 1928 yo no podía oír hablar sin disgusto de... "oscuros significados" de "magia", de "belleza convulsiva" –algo que me parecía más bien una enfermedad–, de lo "maravilloso", de lo "alucinante"; cuando se referían a todo eso, ya sabía yo qué plato iban a servirme: toda una literatura voluntaria, forzada.

P.— También unos comentarios suyos sobre el grabador José Guadalupe Posada le acarrearon la incomprensión de algunos muralistas mexicanos. ¿Qué ocurrió en realidad?

R.— Todo eso arranca de una reseña que publiqué en *Letras de México* sobre una exposición de retratos pintados por artistas mexicanos. En ella decía que el presentado por Rivera era muy hábil –como suele ser siempre lo suyo–, pero nada más. En cambio, me extendí mucho –aunque es un tipo de pintura que no me interesa– en un retrato de una señora, muy expresivo y fuerte, que presentaba José Clemente Orozco –siempre muy superior a Rivera–. Poco después, Xavier Villaurrutia y Octavio Barreda me pidieron, para su revista *El Hijo Pródigo*, un artículo sobre Posada, un grabador del siglo XIX al que los muralistas mexicanos habían tomado como antecedente –Rivera, en pleno delirio, había llegado a decir que sus grabados eran superiores a los de Goya.

Fue una ingenuidad mía contestar –aunque muy respetuosamente– a esa tontería. En realidad los grabados de Posada eran como unas aleluyas, encantadoras, eso sí. Entonces Rivera aprovechó la ocasión y orquestó una campaña en contra mía. Ese es todo.

P.— ¿Cómo influyeron en usted los paisajes mexicanos?

R.— Los paisajes del trópico son de una gran hermosura. Sin embargo, excesivamente dramáticos y... decorativos para mí. Me gustaban mucho, pero no podía arrancarles nada... verdadero. Tenía muy fresco el ejemplo de Gauguin, que si no había sido nunca un buen pintor, antes de Tahití nos había dado de Bretaña una pintura menos artificial, menos falsa.

Sólo pinté bastante paisaje durante el tiempo que pasé en Cuernavaca, una especie de semitrópico, y, claro, en el Valle de México, y en la capital misma, que por entonces aún conservaba su gran belleza intacta, o casi intacta.

P.— A partir de 1952 vivió en París y, sobre todo, en Italia. Roma, Florencia y Venecia aparecen con frecuencia en su *Diario de un pintor* y en su obra ensayística y pictórica. ¿Qué destacaría de su encuentro con este país?

R.— Mis primeras experiencias en Italia están reflejadas en ese librito. Sólo faltan los días que pasé en Roma. La visión que tenía entonces de esa ciudad era muy de viajero precipitado. De los veinte años que pasé después allí tengo muchas anotaciones que ordenaré algún día –espero tener tiempo para ordenarlo todo un poco.

Italia siempre me pareció un atrevimiento. El descaro de la realidad y de la belleza lo encontré en seguida en las plazas, en las fachadas, en los cuadros. Se me ofreció, de pronto, un concepto de belleza mucho más rico, más vivo, más cálido, más cercano. La belleza, desde ahora, no sería para mí aquel rostro rígido, frío, liso, terso, impecable, que me habían enseñado, obligado a admirar, y que siempre me pareció un rostro tan triste; la belleza era, ella también, sumamente impura, defectuosa, expuesta, en peligro; en una palabra: la belleza no era nada... *ideal*, sino algo muy real, muy corpóreo.

De mi encuentro con Italia destacaría, en especial, el descubrimiento de la arquitectura y mi *reconciliación* definitiva con Miguel Ángel.

La arquitectura había ocupado siempre un lugar lateral en mi vida. Incluso a las más geniales obras arquitectónicas las había visto siempre, no con desdén y de soslayo, pero sí como algo de índole muy distinta a esas otras —escultóricas, pictóricas, poéticas o musicales— que consideraba más puras y absolutas. Ahora, ante la "Capella dei Pazzi", y ante otras obras mis sentimientos y mis pensamientos se tambalearon.

Miguel Ángel es otra de las grandes revelaciones que uno tiene allí. Hasta entonces, era un pintor al que había visto con mucho respeto —nunca he sido de esos que han querido quemar los museos; ni cuando era jovencito—, pero me parecía demasiado exagerado, ampuloso y desesperado. Siempre me ha costado trabajo entrar en las obras de arte con fisonomía desaforada. Sin embargo, todo ese disfraz, que está ahí, que existe, y que puede estorbar, no logra tapar la genialidad de este artista. En la Capilla Sixtina Miguel Ángel lo expone todo, lo compromete todo, incluso su propio pellejo; muy joven aún ya se lo juega todo a ese... *disparate* hermosísimo de su gran techo. Lo patético de Miguel Ángel es que eso, eso que le ha sido encomendado y que no puede dejar de hacer, de cumplir, es... excesivo, desmesurado. A ningún artista se le ha dado una carga tan pesada.

Algo parecido me había pasado con Rubens. Todo ese barroquismo delirante, esas ampulosidades, ese recargamiento, esa plebeyez rica, lujosísima, que tanto alaban los críticos, se evapora, se purifica cuando se llega al centro de su obra.

Lo mejor, lo más alto y hondo, lo esencial de estos artistas se encuentra como escondido, como agazapado detrás de esa "superficie animada".

En Venecia tuve además la revelación de Tintoretto, un pintor que no me había interesado demasiado hasta entonces. Aunque en el Prado hay muchos cuadros suyos, sólo "El Lavatorio" da la dimensión de su talento descarado, tramposo, atrevido, expuesto sin recato alguno. También es verdad que no llegué a los extremos de Sartre, quien, después de un viaje a Venecia, llegó a considerarlo superior a Tiziano. ¡Disparates de escritor! También me impresionó favorablemente Bellini. Descubrí que la pintura –la Pintura– *pasa* por él, aunque, claro, no se embalsa, no se ensancha, como sucede cuando ésta desemboca en Sesshu, en un Tiziano, en un Velázquez o en un Rembrandt.

Con los demás pintores no podía tener demasiadas sorpresas. Una persona que haya visitado el Prado con asiduidad no ignora nada de Tiziano. Venecia sólo me sirvió para corroborar cómo el color es en sus cuadros como una especie de rubor, de acaloramiento, de sofoco, de fiebre; no parece haber sido aplicado sobre la tela, sino provocado; parece salir de ese fondo de pozo, de esa oscuridad de pozo que es, en principio, el cuadro, todo cuadro auténtico. La visión de "Las Cortesanas", un cuadro de Carpaccio por el que siempre he sentido gran admiración, no añadió demasiado a la idea que de él tenía. Sin embargo, el conocimiento de Venecia ayuda a entender otras pinturas suyas.

P.— ¿Y Caravaggio?

R.— Caravaggio me ha gustado siempre poco. La verdad es que me parece un pintor muy mediocre. En su momento pudieron sorprender esos contrastes, esas luces, esas sombras, esos cuerpos con un relieve que no se había visto antes, esos efectismos. Parece que cuando alguien inventa una manera de ver se da un paso hacia adelante, y no es así. Las obras vivas, vivas de verdad, no corresponden a una época determinada, *son* únicamente. Fidias, Miguel Ángel, Tiziano, Rembrandt, Velázquez, Cervantes, Shakespeare, Mozart, Tolstoi, Galdós, Juan Ramón Jiménez no son sino *fragmentos* de un solo y único espíritu... permanente; son como distintos *estados de ánimo* del Espíritu, y basta.

P.— Desde su estancia en México su pintura adquiere unos perfiles distintos e inconfundibles. Como en otros grandes creadores, hay asuntos que se repiten: los homenajes a diferentes artistas, la copa de agua, los espejos, las flores, los bodegones, etc. ¿Qué importancia concede a la pintura de tema?

R.— Mi interés por el cuadro de tema –que no hay que confundir con los cuadros de historia que se hicieron el el siglo XIX– se reavivó desde mi llegada a Italia. Tiziano y Tintoretto fueron en gran medida los culpables. También Cézanne, que hoy me parece una de las figuras más considerables de la modernidad, lo había intentado, aunque de forma tímida, con la serie de las bañistas. Es curioso que nadie se haya referido a una influencia muy profunda que hay en mí de ese pintor. Han visto, porque quizá es más visible, mi gusto por la pintura china y, sobre todo, por la japonesa –aunque nunca he podido soportar la comida de esos países–. Sin embargo, en este caso, más que de influencias habría que hablar de afinidades y semejanzas. Las primeras cosas que vi de autores orientales me resultaron próximas y familiares. Tampoco me ha parecido nunca que esa pintura esté tan alejada de la occidental. Entre los paisajes japoneses y los paisajes azules de Velázquez, o algunos de Cézanne, no veo diferencia alguna, ni de estilo ni de época. Me parece que están hechos al mismo tiempo, desde una misma sensibilidad. Algo que los críticos, siempre tan atareados con los estilos, no han podido ver.

En Roma, durante unos diez años me mantuve en ese empeño. Sin embargo, hoy quedan pocas cosas de esa etapa: algunos *gouaches*, algunas acuarelas, algunos dibujos. Me di cuenta de que esa resurrección del cuadro de tema sólo podía llevarla a cabo un grupo de pintores que tuvieran unas preocupaciones semejantes, aunque con temperamentos distintos –como ocurrió con Tiziano y Rubens–. (No me refiero para nada, claro está, a ese disparate, *inventado* quizá por el señor Llorens hace cuatro días, de la pintura en equipo.) También es verdad que no he abandonado del todo la pintura de tema. Ha sido una inquietud constante mía. Hace muy poco he hecho algunas cosas en ese sentido.

P.— En 1960 realiza su primer viaje a España y celebra una exposición en la Galería Mayer de Madrid. Sus cuadros deslumbraron a algunos jóvenes. Alfonso Pérez Sánchez reconocerá: "Sus lienzos, tan reales y verdaderos me emocionaron con la misma emoción que me sucedía con las salas del Prado". ¿A qué atribuye el silencio con que fue acogida por parte de la crítica?

R.— La verdad es que esa tentativa de volver a España fue bastante ingenua y equivocada. Algunas personas –Leopoldo Panero, sobre todo– trataron de convencerme de que ya era tiempo de volver. Sin embargo, Bergamín, que me estaba esperando al pie del avión, me dijo: "No te hagas muchas ilusiones; aquí, a lo sumo, se nos tolera". Y así fue.

Sí, hubo un gran silencio, motivado en gran medida por razones políticas. A la exposición, aunque se celebró en una galería pública, se le dio un carácter clandestino. En la crítica que apareció en *ABC* se me trataba bastante mal. Venían a la galería con frecuencia Panero y su mujer, Luis Rosales, Buero Vallejo, los Baeza, Vázquez Díaz, Eduardo Vicente, Juan Bonafé, etc. Pero a mí todo aquello me daba la sensación de un duelo; parecía que había muerto alguien. Así es que, poco después, cogí los bártulos y me fui de nuevo a mi buena Italia.

Depués hice una exposición en Barcelona, donde tuve algunas críticas favorables. Aquí hubiera tenido quizá más posibilidades. Pero, aunque soy hijo de padres catalanes, nunca me he sentido ligado a esa tierra. El nacionalismo catalán me ha parecido siempre muy antipático. Recuerdo la impresión penosa que me causó ver en un escaparate de una librería un libro de Maragall, escrito originalmente en un castellano espléndido, traducido al catalán. Eso de los nacionalismos lo hemos llevado siempre mal los españoles.

P.— Usted ha dicho que la España de los años veinte era muy bruta y, a la vez, muy hermosa. ¿Sigue creyendo lo mismo? ¿Qué cambios ha observado en estos últimos quince años?

R.— A mí de España me atraen un aire, una luz. También, aun reconociendo que son barbaridades, esas cosas negativas, como esa encendida, viva y casi genial vulgaridad, ese cerrilismo, esas terquedades. Al español castizo sólo le importa de verdad aquello que le disgusta; lo que le complace le resulta indiferente. Parece que ha venido al mundo a disgustarse; en el disgusto pone, pues, su afición, su pasión. A sus ojos, todo aquello que… *agrada* es, sin más, superficial, y él se piensa, por descontado, profundo, se quiere profundo.

El español no es contradictorio, como suele decirse, sino *difícil*, es decir, que ha querido siempre lo difícil, y ha desconfiado del espíritu *espiritual*, del espíritu *separado* de la vida.

P.— ¿Qué opina de la situación artística y literaria actual?

R.— No tenemos derecho a ensañarnos con España. Creo que el ambiente artístico es malo en todas partes –nunca me han parecido serias esas distinciones que se hacen entre literatura española, italiana, inglesa, etc. No hay más que *una*, un fondo, aunque con colores distintos. Es como la paleta de un pintor–. Sin embargo, creo que tiene que haber una reacción, aunque seguramente no la veré. Hay que tener presente que las cosas importantes pasan dentro de una medida de tiempo que no coincide con la medida del tiempo del hombre.

Hoy, claro, veo todo con más indulgencia. Al llegar a mi edad, comprende uno que no se puede estar siempre suspirando por un mundo mejor. No digo que haya que tragárselo todo, pero tampoco que tengamos que estar siempre irritados. El mundo, en su totalidad, no es más, no puede ser más que una especie de aproximación, un *poco más o menos*.

P.— Usted se ha mantenido siempre alejado de los escenarios oficiales. Desde un "retiro consciente" se ha mostrado insensible ante las pompas mundanas. Sin embargo, desde 1978, en que se celebra una exposición en la Galería Multitud, de Madrid, se le han tributado numerosos homenajes. En 1985, el Ministerio de Cultura le concedió la Medalla de Oro de las Bellas Artes. Cuatro años después hizo una exposición en el Museo Español de Arte Contemporáneo. Hace dos años se inauguró en Murcia el Museo que lleva su nombre. ¿Cómo valora estas atenciones?

R.— Todo eso hay que aceptarlo con humildad –con muchísima humildad– y agradecerlo, claro, con sencillez.

Lo de los premios suele ser fruto de muchas casualidades. He estado dos veces en un jurado, y creo que no me atraparán una tercera. Se suelen crear –allí dentro– conflictos, intereses y componendas que no siempre favorecen a la gente más valiosa.

P.— Usted dio a conocer hace años un *Diario*. En 1980 publicó una prosa, "Huerto y vida", sobre sus primeras imágenes infantiles. En otros escritos se ha referido con frecuencia a personajes de la España de este siglo. En su obra ensayística reflexiona sobre artistas con los que comparte unas inquietudes vitales y estéticas. ¿Escribirá algún día una *Autobiografía* o unas *Memorias*?

R.— El huerto del Conde, en el que viví durante algunos años, tiene para mí un atractivo muy especial. En realidad, el relato que le dediqué se cierra en sí mismo, pero podría ser la primera piedra de unos recuerdos de infancia y adolescencia. Para la etapa posterior tendría que ser un escritor de otra envergadura. No me veo con fuerzas. Además, me gustaría hacer algunos retratos de personajes, conocidos y desconocidos, que tuvieron gran importancia en mi vida y sobre los que no he escrito nada. Así, por ejemplo, de Cristóbal Hall, de Bonafé, de Corpus Barga, de Eduardo Vicente, un pintor espléndido y vigoroso antes de la guerra –después tuvo un gran prestigio como pintor costumbrista de Madrid. Sin embargo, a pesar de un cierto buen gusto, sus acuarelas de golfillos, criadas, etc., son tan amaneradas, endebles e inconsistentes...–. También me gustaría escribir sobre María Zambrano, a la que traté mucho en México y en Roma. No sobre su pensamiento, sino sobre ella misma, como mujer, como amiga.

No sé si tendré tiempo de realizar todo lo que proyecto. Pero, mientras pueda, haré lo posible. El ímpetu creador es lo último que se pierde –ahí está, para confirmarlo, el caso admirable de Tiziano–. A un pintor tan malo como

Renoir —malo, pero muy pintor— le ataban los pinceles a las manos y podía seguir pintando.

P.— Hace poco apareció en la editorial Pre-Textos, que está realizando una labor ejemplar en este sentido, el primer volumen de su *Obra Completa*. En él se recogen dos libros fundamentales suyos, *El sentimiento de la pintura y Velázquez, pájaro solitario*. ¿Podría decirnos qué novedades aporta esta edición y adelantarnos algo sobre el contenido de los restantes volúmenes?

R.— Preferí incluir en el primer tomo esos dos libros, que corresponden a mi madurez. Yo he sido siempre una figura demasiado en la sombra, y no quería que el lector desprevenido se topara, así, de pronto, con cosas de mi adolescencia que pueden, claro, resultar muy poco consistentes. En cambio, en los cuatro o cinco volúmenes que seguirán procuraré situar mis escritos en un orden más cronológico. No me arrepiento de nada de lo que he escrito; hay cosas, eso sí, que "fanno tenerezza". Es posible que elimine algún texto, no tanto por horrible, sino más bien por inútil.

M. B. y A. R.

Ramón Gaya, "La calle", 1932. Tinta y acuarela
sobre papel, 24,5 × 32 cm.; y "El alguacil", 1932.
Acuarela sobre papel, 25 × 16 cm.

Ramón Gaya, "La casa", 1932. Tinta y acuarela
sobre papel, 24,5 × 32 cm.; y "El corchete", 1932.
Acuarela sobre papel. 25 × 16 cm.

Como COMPLEMENTO DE LA ANTERIOR ENTREVISTA, ofrecemos una selección de textos accidentales del pintor sobre temas que constituyen el núcleo de su pensamiento: el arte como creación, la pervivencia de la tradición, el sentido de la modernidad, los ejemplos de Van Eyck, Velázquez, Miguel Ángel, Van Gogh o Sesshu, el propio trabajo del artista.

Ha escrito María Zambrano: "La pintura que aparece en los cuadros de Ramón Gaya pasma y subyuga, para ser al fin contemplada; esto es, vivida; pues que lo que vive, aunque no sea de vida natural, sólo siendo vivido puede ser conocido, reconocido." Esta actitud del espectador –del contemplador– no supone sino el posible y mejor reflejo de una contemplación y subyugamiento previos, los del propio pintor. En Gaya se aúnan de elevada manera la capacidad de creación y de pensamiento, que habría que calificar también de creador. De ahí que haya acudido en ocasiones al verso –no sólo a la poesía, que baña toda su obra–, y que su palabra menos elaborada, la desgranada en entrevistas, obedezca a una ley de necesidad que aflora tan plena de significado como en sus páginas de escritura.

Cuando su obra de escritor está siendo recogida en volúmenes de *Obra completa*, cuando se le dedica un museo en su Murcia natal y se le ofrecen páginas de homenaje, el mosaico que aquí se muestra sirve sólo de incitación para esa otra primera lectura de sus obras o para la contemplación de sus cuadros. En los proyectos de Juan Ramón Jiménez había, al fin, un volumen de *Complemento jeneral*. En el caso presente un modesto asomo de ese posible complemento podría estar constituido por las palabras del pintor en unas u otras entrevistas de prensa. Aquí se han seleccionado fragmentos relativos a la pintura y se les ha añadido un título. Enmarcan la selección dos sonetos del pintor, recogidos en *Algunos poemas (1938-1980)* (Granada, La Veleta, 1991).

Los textos de Gaya proceden, pues, de entrevistas concedidas en España, entre 1978 y 1991, a Juan Manuel Bonet, Ángel Montiel, Tomás March, Santiago Muñoz y Luis Massoni, Juan Luis L. Precioso, Mariano Navarro, Ignacio Vidal-Folch, Ramón Navarrete, Antonio Parra y Antonio Arco. La selección de fragmentos ha sido posible a partir del excelente trabajo recopilatorio de Aurelio Serrano Ortiz en uno de los volúmenes de su tesis doctoral

La teoría estética de Ramón Gaya a través de sus escritos. (Universidad Autónoma de Madrid, 1992). Quede constancia de nuestro agradecimiento por su amable cesión de materiales para este complemento menor del pensamiento de Ramón Gaya.

M. H.

Mansedumbre de obra

Acude entero el ser y, más severa,
también acude el alma, si el trazado,
ni justo ni preciso, ha tropezado
de pronto con la carne verdadera.

Pintar no es acertar a la ligera,
ni es tapar, sofocar, dejar cegado
ese abismo que ha sido encomendado
a la sed y al silencio de la espera.

Lo pintado no es nada: es una cita
–sin nosotros, sin lienzo, sin pintura–
entre un algo desconocido y lo aparente.

Si todo, puntual, se precipita,
la mano del pintor –su mano impura–
no se afana, se aquieta mansamente.

Arte, cultura, naturaleza

El concepto que yo tengo del arte se parece muy poco a lo que piensan los historiadores del arte y los estetas. Yo me di cuenta desde muy joven que todo eso era una labor y que, lo mismo que se juzga una cacerola y se dice si es bonita o fea, se dice del arte. Yo lo veía un disparate y pensaba que no podía ser así. Yo pienso que el arte no nace de la cultura. La cultura acepta al arte y termina por meterlo dentro de sí misma, pero para mí el arte no es cultura, es naturaleza. Por eso me salen constantemente referentes a la vida, porque creo que el arte es vida, cosa que no me parece la cultura.

La cultura me parece otra cosa, una elaboración de la mente y de la capacidad que tiene la mente humana, pero la creación no es eso. Para mí, cuando Leonardo dice que "la pittura è cosa mentale" creo que dice un disparate muy gordo, y de ahí arranca todo ese malentendido, porque la pintura no es "cosa mentale", es "cosa carnale", y no sólo la pintura, sino el arte todo, la creación. A mí no me gusta decir arte, porque esto se confunde con la obra objeto, con la obra como orfebrería o artesanía, y prefiero decir siempre creación porque este concepto pertenece a la realidad viva, a la naturaleza.

De *Las meninas*

Un cuadro es lo que pinta Poussin, por ejemplo. Unas figuras con unos relieves, con una luz, con un paisaje de fondo, eso es un cuadro, es decir, un poco lo que es un tapiz. Pero *Las meninas* no es eso; *Las meninas* no es nada más que la prueba, la huella que nos deja para que nosotros sepamos que Velázquez ante la realidad *ha visto* eso; no la realidad misma, sino lo que había detrás de la realidad. Y entonces ese misterio, ese misterio vivo que es siempre la realidad, pues eso es lo que ha visto Velázquez. Y él pinta ese cuadro maravillosamente, porque es que, si no estuviese muy bien pintado, entonces eso no podría darse. No podría hacer desaparecer el cuadro si el cuadro no estuviese muy bien pintado. Porque cuando el cuadro está pintado sabiamente nada más y en nombre de la pintura, entonces es cuando quedan todos los residuos de la pintura. Queda la cáscara de la pintura, que es lo que él ha hecho desaparecer. Pero, ¿a base de qué? A base de pintar mejor que nadie, claro; no haciendo esos cuadriculados que te hace Mondrian. Eso es esquivar el bulto. No…, ni hablar. Eso tiene que ser *atravesado*, que es lo que debe ser el arte. El arte tiene que ser *sufrido*, *atravesado* e ido *más allá*. Y entonces se puede hablar de *creación*.

Tradición y "modernidad"

No me interesa eso que se llama "lo moderno". Es más, no sé, en realidad, lo que designa tal palabra. Las teorías de Kandinsky o de Mondrian, y tantos otros, quedan completamente desacreditadas, puesto que no pueden explicarnos, *justificarnos*, la obra, por ejemplo, de Fidias, o de Van Eyck, o de Miguel Ángel, que sabemos –por instinto inefable– que son verdad. Lo que no es tradición no es que sea plagio, es que no es absolutamente nada.

Mi *Homenaje a la pintura moderna*

Acabo de pintar un *Homenaje a la pintura moderna* (1988).

Es una naturaleza muerta en la que se ven cuatro reproducciones: una de Cézanne, una de Van Gogh y, un poco más lejos, una de Tiziano y otra de Velázquez. Eso es lo que a mí me parece que es la pintura moderna. Pero veo que piensa usted como esos que dicen: "Bueno, es que hoy en día no se puede pintar como esa gente que a ti te gusta". Yo admiro a pintores muy varios y diferentes, pero que se asemejan todos en una cosa: pertenecieron a una época en que no estaban comprometidos a inventar. En cambio hoy parece que el objetivo del arte es salir siempre con algo nuevo.

Escuelas pictóricas

Cuando un pintor como Seshuu, un pintor japonés del siglo XV, pinta un paisaje y un personajito que va por una senda, un árbol que se refleja en el agua, veo que tiene esa intensidad, esa profundidad, que ha calado en la naturaleza igual que Velázquez. Entonces para mí son lo mismo. Yo nunca he hecho ese apartijo de pintura holandesa, pintura española, pintura china, pintura italiana. Esos apartijos me gustan poco porque yo me intereso poco por las escuelas. Eso es una cosa muy externa y se cansa uno pronto de esa corteza. Lo que importa es lo que hay debajo de todo eso.

Si yo pudiera algún día –cosa poco probable– ser director de un museo y tener mucho poder, me gustaría hacer algunas salas donde pudieran estar *El niño de Vallecas* y un paisaje de Sesshu, y que no pasara nada, que nadie se cayera redondo, porque lo que yo esperaría en ese museo serían las visitas del hombre solo, del hombre que no va a imponerle a la obra un esquema que se ha formado él, sino que fuera con inocencia a recibir la obra de una manera pura. Entonces esa persona recibiría igual una obra pintada por Seshuu con tinta china, sobre seda, sin color, que un Van Gogh donde estén los colores exaltados y vibrantes.

Ni a los grandes ni a los pobres

Creo que no se puede hacer un arte para nadie, ni para el hombre
sencillo ni para el rico. Es una idiotez suponer que Velázquez está pintando a gusto los retratos de Felipe IV. Ni los está pintando para Felipe
IV, que se los va a quedar porque entonces no había un fotógrafo, ni tampoco para la lavandera. Una obra de arte va dirigida al hombre y a la
realidad, pero sin sociedad. El arte está siempre contra la sociedad. La
sociedad no se merece el arte. La sociedad ha visto siempre el arte como
un adorno, como un Rolls-Royce, como un lujo. La obra de un artista no
va nunca dirigida ni a los grandes ni a los pobres.

Colores y vida

Mi disgusto ante la pintura moderna procede de esa afirmación
anticuada de que la pintura es únicamente una superficie animada de
colores; y digo como decía hace sesenta años: Si eso es así, ¿qué podemos
hacer entonces frente a *Las meninas* o frente a *Los Arnolfini*? Claro que
son en principio un lienzo o una tabla con colores, pero son fundamentalmente un espacio que desborda el espacio de la tabla o el lienzo, y son
un aire y una atmósfera, y son seres vivos que existen y viven frente a mis
ojos. Y no es la pericia o la habilidad lo que les confiere esas cualidades,
porque eso mismo Van Gogh lo dice con la gruesa línea de un insopor-
table azul de Prusia que rodea sus formas, y en él los troncos de los árboles y las flores viven. Yo veo los cuadros de Van Gogh sin esa raya, pero
me hace aceptar esa raya horrible porque con ella nos indica, nos señala cosas que pertenecen a la vida y no a la superficie del cuadro.

Las respuestas de la pintura

Ante un cuadro mío siempre observo la misma actitud. No digo "Voy a hacer mi gran obra". Esto es una tontería. Después de pintar un cuadro no sé lo que he hecho hasta que pasan varios días y lo miro. Porque un cuadro no es una cosa que se hace, sino una respuesta que se recibe de sí mismo. El artista está ante la realidad en una actitud interrogadora y la obra es la respuesta que se recibe. En mis cuadros hay fragmentos de respuestas; las que todavía espero son las que más me interesan.

Unos meses de 1991

(En Roma me he centrado) casi en un solo tema; en un vaso grande, en dos o tres cosas de cristal que son muy reiterativas en mi pintura. Ha sido un trabajo muy íntimo de pintor. Ver cómo atraviesa la luz el vaso, cómo hay una diferencia, que sólo percibe la sensibilidad, entre las hojas de las rosas que están dentro del agua y las que están fuera. Todo eso parece poco, pero ése es el tema. Habré pintado unas treinta y tantas obras, de las que voy a poner unas cuantas en mi museo. Me lo propuso el director y me pareció bien.

La reiteración

El artista es reiterativo. El tema es siempre el mismo. Lo raro sería lo contrario. En otra ocasión dije: "Yo no me repito, insisto". En Miguel Ángel, por ejemplo, más que un cuerpo entero parece que el tema fuese ni siquiera un torso, más bien el vientre. Hay siempre como un nido.

Lo mejor de Tiziano...

Lo mejor de Tiziano no es cuando Carlos V le encarga esto o lo otro, cuando está en su plenitud, sino cuando ya es viejísimo y tiene casi noventa años. Porque yo ya sé que todo lo que tengo que escribir y pintar no lo voy a poder hacer. No tengo ni tiempo ni años. Y mientras tenga yo un respiro, que pueda hablar, pues haré lo posible.

Reconocimiento de la luz

Si me llevan con los ojos cerrados a un sitio que conozco bastante bien y al llegar me dejan ver sólo su cielo, puedo reconocer, casi con seguridad, ese lugar.

De pintor a pintor

El atardecer es la hora
de la Pintura.

TIZIANO

Pintar no es ordenar, ir disponiendo
sobre una superficie un juego vano,
colocar unas sombras sobre un plano,
empeñarte en tapar, en ir cubriendo;

pintar es tantear –atardeciendo–
la orilla de un abismo con tu mano,
temeroso adentrarte en lo lejano,
temeroso tocar lo que vas viendo.

Pintar es asomarte a un precipicio,
entrar en una cueva, hablarle a un pozo
y que el agua responda desde abajo.

Pintura no es hacer, es sacrificio,
es quitar, desnudar; y, trozo a trozo,
el alma irá acudiendo sin trabajo.

MIL NOVECIENTOS TREINTA Y DOS. Cuando yo conozco a Federico, soy un adolescente provinciano todavía.

Como decía doña Vicenta, su madre, los amigos de Federico, según él, eran la corte celestial.

Era una persona culta que trataba de encubrir o disfrazar esa cultura con un acento popular, con un acento llano, con un lenguaje para el pueblo.

• • •

...Sus dibujos me parecen un aspecto de Federico que muchos han considerado marginal a su obra, no dándoles la importancia que tienen y relegándolos a la categoría de un hobby, más o menos infantilista, y no es así.

Federico tenía un indudable talento plástico y un claro concepto de lo que era el espacio pictórico o la sensibilidad de una línea.

Yo le he visto hacer algunos de esos dibujos con una sabiduría y una firmeza de trazo donde no existían dudas, ni rectificaciones, donde la expresividad respondía a un deseo claro y personalísimo de su criterio estético. No, aquello no era un divertimento; aquello era algo más profundo y con mucha más sabiduría de lo que podía parecer.

Yo le he visto hacer temblar la pluma para sensibilizar una línea, o apretarla fuertemente sobre el papel para conseguir gotas de sangre o lágrimas, o utilizarla en hirientes trazos verticales, como en las iniciales de sus dedicatorias.

También sus dedicatorias tenían un planteamiento de composición geométrica, de tres líneas duras verticales que se estructuran con pequeños bloques horizontales de menuda caligrafía y arabescos, conceptos bastante utilizados en la pintura actual, que se vale de la palabra escrita y de la signografía para conseguir una mayor expresividad. De alguna manera Federico fue un precursor.

Hay otros muchos elementos lorquianos, que pasan indistintamente de su poesía a su pintura, como las lunas, como el llanto, como la sangre, como las retorcidas ramas, llenas de hojas, que envuelven amorosamente sus altas iniciales.

¿Cuántos nuevos elementos ha incorporado Federico a la pintura? Habría que descubrirlos uno a uno.

Recuerdo en uno de sus dibujos estas palabras escritas por él: "Sólo el misterio nos hace vivir, sólo el misterio". Para Federico la pintura era un misterio que, como en los jeroglíficos egipcios, todavía no hemos logrado descifrar del todo.

Así como hay dibujos sobre los que pasa el tiempo destiñéndolos, desinteresándonos de ellos, los de Federico cobran intensidad y se expresan de una nueva forma, descubriéndonos algo en lo que no habíamos reparado antes, dándonos una nueva versión de sí mismos, actualizándose, como si invitaran a una nueva lectura sobre su vigencia expresiva.

Aquellos dibujos que en su momento pudieron parecer un divertimento y a los que seguramente no se les concedió la importancia que después podrían tener, hoy los miramos de otro modo y alcanzan otra dimensión que nos hace pensar en ellos de muy distinta manera. Había en Federico un concepto pictórico que sobrepasaba la simple gracia que se les atribuía entonces.

Había un invención pictórica tan auténticamente suya que no se atenía a escuelas, ni a modas, ni a corrientes estéticas; eran un puro invento, y por ello entiendo lo que no tiene antecedentes sobre los que apoyarse o que se nutre de sí mismo.

Podríamos adscribir a Federico a la corriente surrealista por su amistad con Dalí y, sin embargo, no lo podemos considerar sólo un surrealista. Federico intenta desde el cubismo hasta la abstracción, hasta el ingenuismo o el caligrafismo de una manera personalísima en la integración del misterio.

● ● ●

Porque Federico era un personaje complejo y enigmático, y eso, igual que en su obra literaria, se transparenta en su obra pictórica, donde el amor, el deseo reprimido, el refinamiento, la dureza y la premonición, la vida inexplicable y la muerte presentida, casi llamada, están presentes como el sexo herido, como la desesperanza y la acusación.

En su pintura, como en su poesía, no hay cuartel para los impuros, porque Federico es un pintor puro, complejo y enigmático, como es toda su pintura: un puro instinto y no una aprendida técnica, una conciencia, un talento plástico indudable en este lenguaje que él, hombre culto, conocía tan bien.

• • •

Aparte de la primera época de figuras románticas de manolas o de bandidos, Federico entra en un mundo inexplicable de desdoblamiento de figuras, de desdoblamiento de personalidad, de una iniciación al movimiento sobre una figura estática. Ya Boccioni intenta hacer figuras en movimiento repitiendo la imagen en perfiles sucesivos, pero en Federico, y como un deseo de expresión necesaria para la intencionalidad que busca, el movimiento se inicia desde la figura estática, es como si nos quisiera transmitir una intención o un deseo callado, encubierto.

• • •

Hay un aspecto o una faceta que muchos han considerado marginal a la obra de Federico, como si su obra pictórica pudiera desgajarse de su obra total, dejándola manca o coja.

Creo que los que más le han entendido y animado en su obra pictórica han sido sus propios amigos pintores, que nunca la consideraron como algo ingenuista o infantilista.

Yo he visto algunas veces dibujar a Federico con una extrema pobreza de medios, tinta y lápices de colores, y creo que no necesitaba más para expresarse.

A través de sus dibujos pueden verse los cambios de conceptos, como en el camino recorrido por cualquier pintor.

Desde los primeros cuadros cubistas, donde ya incorpora elementos propios y decantados, como la hoja-boca-pez-pepita de sandía y la línea punteada, en vez de continua, para lograr una transparencia de espacios con un estilo individual que no buscaba el premio por los salones de pintura, ni el mercado para su obra, ni siquiera el aplauso.

Muchos que se creyeron listos sólo valoraban los dibujos de Federico como autógrafos pintados o escritos, sin considerarlos nunca como tal obra pictórica, y cuando más como una pirueta infantilista con cierta torpeza no exenta de alguna gracia.

El propio Federico ha dicho: "Me da horror la pintura que llaman *directa*, que no es sino una angustiosa lucha con las formas en la que el pintor sale *siempre* vencido y *con* la obra *muerta*. En estas abstracciones mías veo yo *realidad creada* que se une con la realidad que nos rodea."

Federico se plantea las exigencias de una nueva representación espacial, de una elaboración intelectual con el claro sentido de una nueva *escritura*, dentro de una plena autonomía de la creación plástica, con aportaciones verdaderamente originales.

Sus dibujos tenían por resultado la yuxtaposición y multiplicación de operaciones verdaderamente creadoras y personales.

En Federico no sólo hay más capacidad de invento y de quiebro y de imaginación, sino también más cultura.

Federico medía bien los espacios, como siempre ha sido en la auténtica visión de la pintura, que establece el ordenamiento consciente de sus dibujos.

• • •

Federico era una fiesta, una verbena, un tiro al blanco y, sin embargo, algo hay de tristeza en el bullicio y la alegría de las verbenas, algo hay de fatalista en las rifas cuando gira la rueda y salen números que nadie tiene; y en el muñeco que levanta los brazos cuando se mide la fuerza de un mazazo algo de brutal hay.

Y cuando se apaga la verbena y se cubren con lunas blancas los caballitos del tiovivo y se van apagando las luces de las tómbolas, algo hay de tristeza.

No hay nada más triste que una verbena cerrada, apagados ya los ruidos más lacerantes, más hirientes, y el aire se comienza a teñir con luces de amanecer y ya las flores están mustias, ahogadas en el humo de la fritanga.

Cuando a los noctámbulos se les caen los ojos envueltos en pañuelos y los calvos pierden su peinado difícil.

Deambular por una verbena ya cerrada. Algo hay de tristeza y de muerte, de cadáveres envueltos en sudarios.

Es entonces cuando la muerte llena de manos, llena de dientes, recoge a los borrachos moribundos, y el metal de las trompetas y los gorros de papel se arrugan, y los soldados y los marineros soñolientos vuelven tambaleantes a sus cuarteles, y pierde definitivamente su brillo el lucero de la noche y la luna se diluye en su forma, ya sin la agresividad de las astas de un toro.

Es la hora de los vómitos y la hora de los agonizantes en los hospitales, la hora de la incertidumbre sin perfiles claros. Luego saldrá el sol y volverá la risa ancha a la cara cansada de Federico. Un día más de vida, de alegrías y de presentimientos, pero un día más de los contados que le van quedando. Durante parte del día duerme. Luego se encenderá otra vez esa verbena que era Federico cada atardecer.

● ● ●

Alguna vez le pregunté a Federico por qué no hacía cosas de formatos mayores, y me contestó: "Lo mancharía todo y me mancharía yo también de pintura, ¿te imaginas?"

Sí, me lo imaginaba muy bien, porque conocía la pulcritud de Federico para todo, como cuando le pinté un retrato, que me llenaba todo el suelo de papeles de periódicos y no podía dar un paso sin escurrirme.

También imagino lo que hubieran sido esos dibujos de Federico llevados a otras proporciones y con otros materiales diferentes. Seguramente nos habrían asombrado esos grandes espacios llenos de colores. ¿De qué colores? ¿Habrían sido colores elaborados? Yo pienso que no; pienso que habrían sido colores casi enteros o, mejor dicho, planos, con un gran sentido de la tonalidad. Pero lo que yo crea no importa si no podemos afirmarlo con un ejemplo, y ese ejemplo no existe.

• • •

Muchas de sus caras, los retratos inventados de Walt Whitman, recuerdan a las máscaras de la tragedia con la máxima simplificación. Es cierto que no necesitaba más, como tampoco lo necesitaba Matisse, que huía siempre del barroquismo inútil. Los ojos generalmente almendrados apenas podían contener el tamaño de la niña, casi siempre desmesurado, lo que hacía la sensación de una mirada más concentrada y más profunda; tanto, que la expresividad la conseguía con un solo ojo, una nariz y una boca sensual y carnosa.

Las caras podían no tener la limitación del óvalo; no era necesario para situarla en un espacio más infinito.

No era el anciano Walt Whitman lo que él quería expresar, sino el dios griego y clásico de un Walt Whitman con su cabellera y barba rizada llena de mariposas.

El temblor del cabello era electrizante, vivo como una comunicación directa con el poeta.

• • •

A veces hay en los dibujos de Federico un abstraccionismo gestual que en algunos titulados "parques" o "bosques" nos trae a la memoria la manera de expresión de un Hartung, que Federico no conoció y con el

Federico García Lorca, "El Viento del Este", 1927,
Gouache sobre papel, 50 × 32 cm.

que fue coincidente en parte, en cuanto al concepto de trazos verticales violentos y entramados.

Pero en los bosques húmedos de Lorca hay un vitalismo que superpone y oculta en la pura abstracción bocas húmedas que se besan y ojos vigilantes entre las líneas de la abstracción; pero lo dominante es lo enmarañado de las líneas trazadas con decidida seguridad y violencia de primera intención, con el mismo concepto que mucho tiempo después utilizaría Hartung.

Esto se podría considerar como pintura o concepto coincidente, no como influencia, pero sí como otra de las muchas premoniciones lorquianas.

● ● ●

Con alguna frecuencia los dibujos de Lorca nos llevan a la pura abstracción, ya en los años veinte al treinta, cuando todavía ese lenguaje pictórico no estaba lo suficientemente aceptado ni difundido y ya Federico no sólo lo presiente, sino que lo señala y lo utiliza como una posibilidad de expresión y como lenguaje propio.

Yo creo que podríamos comparar ese concepto personalísimo de Federico relacionándolo con una corriente abstracta que ha imperado en las últimas décadas de nuestra pintura y no sería difícil hallar ciertos puntos de contacto.

● ● ●

Federico componía sus dibujos como un divertido entretenimiento, pero ponía en ellos la misma seriedad que ponen los niños al hacer los suyos y su infantil interés, como quien desarrolla algo trascendental en su vida.

Nunca teorizaba en pintura; preguntaba, si acaso.

Una verdadera obsesión, el dibujo reiterado de cruces, nos introduce en su obsesión por la muerte.

La simbología de sus flechas, la unión de lo místico y lo pagano. Son el instrumento del amor, del eros, y siempre buscan dónde clavarse. ¿Qué dirección toman?

Siempre mezcla la vida y la muerte, el vicio y la virtud, el vértigo y la seguridad.

En sus dibujos no hay maestría de pintor, pero ¿qué es la maestría? Había, en cambio, todo el sentimiento poético de la inspiración.

J.C.

Poesía

OFRECEMOS UN RAMILLETE DE HAIKU DE NUESTRO SIGLO, perteneciente a la antología japonesa *Haiku kanshoo sanbyaku-rokujuu-gonichi*: una especie de calendario donde cada uno de los 365 días del año aparece poéticamente ilustrado con un haiku. Podría traducirse dicha antología como "365 días vistos a través del haiku". Lo notable de estos breves poemas es que han sido seleccionados por doce poetas de haiku considerados en Japón como los mejores: Shuuooshi, Seishi, Seison, Fuusei, Hakyoo, Fushio, Sanki, Rinka, Shuuson, Tatsuko, Kusatao y Daikotsu. El investigador y tratadista de haiku R. H. Blyth, en su obra *A History of Haiku* (vol. II. Tokyo, the Hokuseido Press, 1964 –2nd printing, 1967–), aporta una selección de veintidós de dichos poemitas, con el título de *The "Best" Modern Haiku*. Y sobre esa selección, yo he hecho a mi vez otra, quedándome con catorce haiku. Los nombres de sus autores, aunque aparecen citados, no siempre son famosos. Aparte de ello, dichos nombres son con frecuencia pseudónimos artísticos, que no revelan con precisión la identidad de los respectivos autores. En todo caso, las tres selecciones mencionadas –incluida la mía– han tratado de destacar la oportunidad y la inspiración, sobre la posible notoriedad de unos escritores.

Citamos en cada haiku su texto original, su interpretación fonética o lectura en alfabeto (según el método Hepburn de transcripción), y su traducción al español. En esta última he procurado ajustarme a la pauta métrica de 5/7/5 sílabas, que es ya como un canon (no sin licencias métricas –aunque yo no me las he permitido al traducir–) del haiku. Como dicha pauta es muy eufónica en nuestra lengua, pues constituye por lo demás la fuga de la seguidilla, me parece un molde óptimo para la traducción de los haiku. La única dificultad es la concisión que ese molde impone.

Un breve comentario ambientador acompaña a cada poema.

Bonanza prístina.
Con los aguzanieves,
vuelan chorlitos.

HAJIME

El verso inicial se refiere a la primera gran calma o bonanza del año.
Para los japoneses adquiere un enorme relieve la primera acción que tiene lugar
cada año, ya sea de la naturaleza o de las personas, como la primera nevada o
la primera línea de escritura. Es como inaugurar de nuevo el flujo de vida natural.

El poeta aporta un curioso sinónimo para "aguzanieves" (palabra esta
que, en español, es ya de por sí bastante expresiva). En vez del término más
común, "sekirei", ha elegido uno más intuitivo –"ishitataki" 'el que golpea las
piedras'–, debido al continuo movimiento vertical de la cola de este pájaro.
Contrasta dicho movimiento con la gran calma que se estrena en el año, y que
tiene especiales connotaciones marinas: la bonanza o quietud del mar.

初凪や
千鳥にまじる
石たたき

元

hatsunagi ya / chidori ni majiru / ishitataki

Es primavera.
Los picos de los patos
salpican limo.

KYOSHI

Kyoshi Takahama (1874-1959) –su nombre real fue Kiyoshi Takahama–
cooperó con su maestro Shiki en la "resurrección" del haiku y, como él, pro-
pugnó una modalidad de haiku llamada "shasei" o 'esbozo de la naturaleza',
concepto tomado de la pintura occidental.

Este haiku aporta un término onomatopéyico, "tara-tara to" (segundo
verso), que pretende retratar imaginativamente el ruido y el movimiento de las
salpicaduras de limo. He tratado de suplir tal efecto mediante la aliteración de
consonantes oclusivas duras: p, t, k ("picos", "patos", salpican").

El cuadro esbozado es un ejemplo de la pulcritud de la naturaleza: entre
el oscuro limo, los patos rastrean su pitanza, para sacudirse acto seguido los
chorreones de cieno y quedar limpios y alimentados.

鴨の嘴より
たらたらと
春の泥

虚子

kamo no hashi yori / tara-tara to / haru no doro

Monte del Este:
más bajo que el paraguas
en primavera.

TOSHIO

Toshio: hijo mayor del poeta Kyoshi, nacido en Tokyo, 1900.

Higashiyama es el nombre de una colina situada a las afueras de Kyoto, nombre que se basta para llenar todo un verso. Como tal topónimo no nos diría nada, he preferido traducirlo por su contenido lingüístico: "Monte del Este".

Cuando caen las lluvias primaverales, la suave altura del Higashiyama no nos obliga a levantar el paraguas para su contemplación, en contraste con lo que podría ocurrir, por ejemplo, ante el gran monte Fuji. La estampa rezuma paz, y una cierta humildad.

東山
低し春雨
傘のうち

年尾

higashiyama / hikushi harusame / kasa no uchi

El sol de invierno
transita desde el Buda
a la montaña.

TATSUKO

Tatsuko: segunda hija de Kyoshi, nacida en 1903.

Puede tratarse del gran Buda en bronce de Kamakura. El sol invernal dora sus nobles facciones, y acto seguido esos mismos rayos solares dejan al Buda en sombras, para iluminar la montaña.

¿Mero azar? Resulta difícil creer en el acaso, cuando el paso del sol envuelve tanto simbolismo. La conciencia de Buda es la más viva fuente de luz, que irradia desde allí a la naturaleza entera.

大仏の
冬日は山へ
移りけり

立子

daibutsu no / fuyubi wa yama e / utsuri keri

Tantas glicinas,
en manos del enfermo
son mucho ramo.

TAKAKO

Takako Hashimoto (1899-1963): célebre poetisa de haiku. Alumna de Kyoshi y Seishi, y compañera de generación de Tatsuko.

Llevar flores a un enfermo es, indudablemente, una buena acción. Pero si se carga el suave peso, este puede resultar excesivo para unas manos debilitadas. ¿Rasgo simbólico? Sin duda; y tal vez más fácil de captar para una mujer. Los detalles de afecto pueden llegar a abrumar, especialmente a una naturaleza enferma. La atención al otro debe basarse en el respeto. Incluso un ramo de flores es susceptible de convertirse en lastre.

病める手にのせて
藤房
余りけり

多佳子

yameru te ni nosete / fujibusa / amarikeri

Bandeja negra:
al lavarla, su tinta
más azul fluye.

TAKAKO

Haiku femenino, que refleja una sensibilidad delicada y una fina intuición. El "suzuri" es una bandejita negra donde se frota la barra de tinta china –también negra– sobre un poco de agua para producir la tinta líquida de la caligrafía a pincel. Hay aquí una especie de ruptura del sistema semántico en aras de un subjetivismo intuitivo. La tinta aguada que fluye de la bandeja al lavarla, no puede ser más que negra, y sin embargo se ve azul; o mejor dicho, 'azul-azul', como sugiere el repetitivo "ao-ao" del original, que he traducido aquí por el paradójico "más azul".

"Nuestra realidad es como la vemos", parece decirnos aquí la voz –femenina esta vez– del haiku.

硯洗ふ
墨あをあをと
流れけり

多佳子

suzuri arau / sumi ao-ao to / nagare keri

Tregua de calma:
el carbón por sí mismo
se torna fuego.

Soojoo

Soojoo Hino (1901-1956). Su nombre real era Yoshinobu Hino. Creció y fue educado en Corea. Mantenía la aventurada idea de que el haiku puede omitir la palabra de estación; palabra que, en la tradición japonesa, suele asegurar el vínculo esencial del poema con la naturaleza.

La ley cósmica que atañe al carbón, indica que éste ha de arder un día. Tal es su karma, su tendencia natural.

El haiku nos habla de esto. Ante el hogar encendido en invierno, el carbón está obedeciendo a su razón de ser "por sí mismo". La expresión es innegablemente hiperbólica, pero exacta al mismo tiempo.

静けさや
炭が火となる
おのづから

草城

shizukesa ya / sumi ga hi to naru / onozukara

Arde el carbón.
Con qué placer tan hondo
lo estoy mirando.

SOOJOO

Este poema –que puede considerarse complementario del anterior, y es del mimo autor– comienza en su texto original con una frase muy típica de la espiritualidad del haiku y del Budismo Zen: "Mite oreba…" 'si estás mirando', como podríamos traducir. Es la atención, la concentración que debemos dispensar a cuanto sucede a nuestro alrededor. Otro rasgo que apunta en la misma dirección es esa alegría íntima de la persona humana ante el cumplimiento de la ley cósmica, que ahora alcanza su realización en el carbón.

見てをれば
心たのしき
炭火かな

草城

mite oreba / kokoro tanoshiki / sumibi kana

Calor. Tinieblas.
La muchedumbre aguarda
que ardan los fuegos.

SANKI

Sanki Saitoo (1900-1962). Poeta que, después de la segunda guerra mundial, formó asociación haikista con Takako y Seitoo.

Como en nuestros festivales nocturnos, así también en cualquier rincón del Japón o del mundo, la muchedumbre espera con ansiedad el primer estallido de los fuegos artificiales. El verso inicial de nuestra traducción es sumamente conciso, haciendo honor a la concisión del original japonés.

'Fuegos artificiales' en japonés es una palabra que equivale a 'flor de fuego' –"hanabi"–: bella y audaz imagen atesorada por aquel querido pueblo oriental.

暗く暑く
大群衆と
花火待つ

三鬼

kuraku atsuku / daigunshuu to / hanabi matsu

Carro de trigo,
que a zaga del caballo
por fin avanza.

FUKIO

Fukio (1903-1930): Poeta fallecido en plena juventud, cuya obra está inspirada en el espíritu del cancionero medieval *Manyooshuu*, que él trataba a toda costa de introducir en sus versos.

En el original, la palabra inicial "mugi-guruma" nos habla de un carro lleno de mies o de grano cereal: puede tratarse de trigo, cebada, avena, centeno...; de tal modo, que aquí era posible como traducción "carro de grano". Pero, aparte de la asonancia cacofónica de tal sintagma, me parece más expresivo traducir "de trigo", tomando este cereal como el representante de todos por antonomasia –y el más grato tal vez a nuestro oído–.

Hay que observar con amor la vida rural para saber apreciar detalles como este: echa el paso el caballo, e instantes después es el carro el que, con esa energía animal, se pone en marcha.

麦車
馬におくれて
動き出づ

不器男

mugi-guruma / uma ni okurete / ugoki izu

Abril. Y él vuelve.
No más pisa el jardín,
sueña abrazarla.

KUSATAO

Kusatao Nakamura (1901-1983). Su nombre real fue Seichiroo Nakamura. Estudioso de la literatura alemana y de la japonesa. Señaló la necesidad
de tratar la vida humana y la humanidad en el haiku, en vez de perderse en téc-
nicas y métodos, pensamientos e ideas teóricas.

Es admirable la concisión expresiva de este haiku, que presenta por ello
un duro reto al traductor. El poeta, tal vez en su afán por introducir mucho
contenido en tres versos, quebranta la tradicional pauta métrica de 5/7/5, sus-
tituyéndola por 5/7/6.

Yo he respetado el canon métrico 5/7/5, aunque me he visto obligado a
introducir ciertos cambios. En vez de 'día –o mediodía– de primavera'
("shunchuu", palabra muy literaria, no siempre presente en los diccionarios)
he optado por la simplicidad de "Abril", ya que la palabra "primavera" resulta de por sí bastante larga. También he prescindido de un vocablo del original,
"tsuma" 'la esposa', pensando que con el pronombre enclítico "-la" queda suge-
rida la mujer, con un sentido no restringido a la esposa solo. Otro cambio ha
sido el de suprimir la expresión "jari" 'grava' del original –palabra ya de por
sí expresiva en japonés como 'la grava del jardín'–, y sustituirla por "jardín",
con la sugerencia implícita de significar 'el jardín de la propia casa'. Creo que
mi traducción no desdice mucho de la expresividad del poema japonés.

妻抱かな
春昼の砂利
踏みて帰る

草田男

tsuma dakana / shunchuu no jari / fumite kaeru

Larga es la noche.
A su lumbre, qué tristes
los que ya duermen.

TOSHIKO

Este haiku también es obra de una mujer, y refleja un hondo sentido de compasión humana. La larga noche iluminada por lámparas de fuego parece sugerir el verano. En el texto original se nos dice que hay tristeza en los rostros de los que con antelación fueron a acostarse. Tal vez era la tristeza misma de tener que dormir en tan espléndida noche. Tal vez era simplemente la emoción de la vida, hecha de tristeza ante las contrariedades.

En contraste, parece haber cierta elevación de ánimo en la poetisa, que ve dormir a los demás y trata de comprenderlos.

先に帰し
顔のかなしき
夜長の灯

蒐絲子

saki ni neshi / kao no kanashiki / yonaga no hi

Cuentan los árboles
a las fieras del zoo
que es primavera.

AOI

"Las fieras del zoo" se podía haber traducido sin perjuicio alguno para la métrica como "las fieras cautivas"; y tal vez hubiera resultado más literario, aunque –sin duda– menos claro. El original habla de los árboles de un parque o jardín, que interpretamos como un parque zoológico.

Las fieras que viven en cautiverio, aunque gozan de muchas comodidades dispuestas por mano del hombre, han de contentarse con esta leve noticia que les proporcionan los brotes de los árboles: la primavera está entrando.

猛獣に
まだ春浅き
園の樹々

あふい

moojuu ni / mada haru asaki / sono no kigi

Recién posada,
la mariposa tiembla
ante la brisa.

KENJI

En el original, la mariposa 'se tambalea' o 'se inclina' ("kurari to") mientras 'recibe el viento' ("kaze wo uke"). Mi versión trata de conservar el sentido, y ser fiel a la inspiración global: la frágil mariposa, tan terca en su indefensión. Ella aguanta la ráfaga de aire sin abandonar su efímero asiento en la rama; solamente somete su cuerpo al embate. Es una sagaz penetración en la naturaleza por parte del poeta, y toda una lección no pretendida, a través de una visión instantánea.

とまりたる
蝶のくらりと
風をうけ

けん二

tomaritaru / choo no kurari to / kaze wo uke

Otros textos y ensayos

AL CONCLUIR *HOMENAJE* (1967), Jorge Guillén creía que estaba dando término a una labor poética iniciada en el paraje bretón de Tregastel hacia 1919. Ciertos poemas de ese tercer libro de *Aire Nuestro* no escapan a la condición de balance que se desprende de tal circunstancia. Es el caso de "Resumen", donde en una línea sintetiza lo que ha sido su trayectoria vital: "Amé, gocé, sufrí, compuse. Más no pido".[1] La ordenación implica un modo de jerarquía en las vivencias del poeta, que abre el omnipresente sentimiento amoroso; para juntar, acto seguido, gozo y dolor; éste después y, sin embargo, recogido en una enumeración de sólo cuatro elementos, con lo que tantos prejuicios sobre su lírica vuelven a ser refutados por el poeta. Por último, como cuarto foco de su experiencia, la poesía. El pretérito indefinido de los verbos presenta las acciones como terminadas y la coda final cifra la sabiduría del escritor, aceptación de la fuga del tiempo en "Más no pido", pero con un atisbo rebelde después: "que me quiten lo vivido".

La presencia del oficio del poeta en lugar tan destacado de una biografía, porque tal cosa, aunque breve, es el verso de la cita anterior, no es casual en *Homenaje*. Andrew P. Debicki advierte que en este libro abundan más las alusiones a la poesía que en otras salidas guillenianas.[2] Se trata de referencias a menudo localizadas en el curso de la vida diaria del individuo, porque, como sugería el propio autor, forman parte ineludible de ella, de otro oficio no menos difícil, el de hombre: "Vienen después la pluma y su ejercicio,/ El correo, las doce ya en la calle.../ Fuerza y gozo de vida cotidiana" (176). Al respecto los críticos han llamado la atención sobre el carácter de diario poético de la tercera parte de la obra del autor vallisoletano, una "Reunión de vidas"

---

[1] J. Guillén, *Aire Nuestro. Homenaje* (Barcelona: Barral, 1978) 588. Las páginas incorporadas al texto remiten a esta edición. La postura de Guillén en relación al término de su obra evoluciona posteriormente. *Vid.* "Obra completa" en *Aire Nuestro. Y otros poemas* (Barcelona: Barral, 1979) [1ª ed. 1973] 365. Este poemario se cita en adelante *YOP*.

[2] *La poesía de Jorge Guillén* (Madrid: Gredos, 1973) 45. Su opinión la comparte G. G. MacCurdy, *Jorge Guillén* (Boston: Twayne, 1983) 152. Para contar con un marco mínimo en torno a la poética del escritor, *vid.* su *Lenguaje y poesía* (Madrid: Alianza, 1972) [1ª ed. castellana 1962] 187. C. Zardoya, "Jorge Guillén y Paul Valéry" en *Poesía española del 98 y del 27 (Estudios temáticos y lingüísticos)* (Madrid: Gredos, 1968) 207-254, 246. E. de Zuleta, *Cinco poetas españoles (Salinas, Guillén, Lorca, Alberti, Cernuda)* (Madrid: Gredos, 1971) 131 ss.

entrañada en la repetida sucesión de los días con sus ritmos necesarios.[3] Por otro lado, la madurez avanzada por la que pasa el ser humano Jorge Guillén en estos momentos hace que un rasgo de su obra que se remonta a *Cántico* mismo, su tendencia a la meditación, se agudice a la altura de *Homenaje*. Parece obvio, a la vista de lo dicho, que tal actividad reflexiva atenderá con especial cuidado a su labor literaria y al instrumento con que la desempeña, el lenguaje:

> Poco a poco anochece en este claustro
> Donde el silencio poco a poco aumenta, [...]
> El crepúsculo es noble si es sereno.
> Mi reflexión me ayuda en este trance
> De sentir que se pierde la partida. (53).[4]

En principio la palabra surge como algo desgajado de lo que le rodea; consiste en un ente que cuenta a la vez con enormes virtualidades y fuerzas, gracias a la ambigüedad de "potencia": "A la realidad ya toca/ Con su potencia el lenguaje." (151). En ese estadio se confirma su trascendencia para el conocimiento del mundo, hasta el punto de que dar un nombre a las cosas significa también, como señalaba el filósofo y poeta Eugenio Frutos, dar el ser, fundarlo, pues en eso consiste hacerlo inteligible.[5] "Estrecha con tus brazos la realidad rugosa./ (...) Ella con su mantillo te soñará la rosa,/ A quien dirás su nombre para que a ti te siga." (95). Ahora bien, en seguida comprobamos que la pala-

---

[3] La vida cotidiana, con amor y poesía, aparece también en "Al margen de los Browning. El amor valeroso" (82). Al respecto, *vid.* I. Prat, "Jorge Guillén, 1973" en *Estudios sobre poesía contemporánea* (Madrid: Taurus, 1982) 128-133, 132. R. Gibbons y A. L. Geist, "Introducción" a J. Guillén, *El poeta ante su obra* (Madrid: Hiperión, 1980) 12. C. Rodríguez, "Unas notas sobre la poesía de Jorge Guillén", *Ínsula*, 435-436 (1983) 7 y 8, 7.

[4] J. Gil de Biedma, «*Cántico*»: *El mundo y la poesía de Jorge Guillén* [1ª ed. 1960] en *El pie de la letra. Ensayos. 1955-1979* (Barcelona: Crítica, 1980) 75-191, 87. E. Alarcos Llorach, "La lengua de Jorge Guillén: ¿unidad, evolución?", *RO.* XLV (1974) 39-57, 56. J. M. Polo de Bernabé, *Conciencia y lenguaje en la obra de Jorge Guillén* (Madrid: Editora Nacional, 1977) 207. J. Díaz Rozzotto, "Premisas líricas de Jorge Guillén" en *Le discours poétique de Jorge Guillén* (Bordeaux: Presses Universitaires, 1985) 13-26, 16. Sobre *Homenaje* como libro "claustral", *vid.* A. García Berrio, *La construcción imaginaria en «Cántico»* (Limoges: TRAMES, 1985) 40.

[5] "El existencialismo jubiloso de Jorge Guillén" en B. Ciplijauskaité (ed.), *Jorge Guillén* (Madrid: Taurus, 1975) 187-206, 193. *Vid.* J. M. Valverde, "La plenitud crítica de la poesía de Jorge Guillén", *Ibid.*, 215-230, 216. J. González Muela, *La realidad y Jorge Guillén* (Madrid: Ínsula, 1962) 129.

bra está "dentro de" ese mundo [6] que contribuye a revelar; es más, de su integración y hasta comunión con el entorno depende la magia del descubrimiento que acabamos de glosar, un descubrimiento que consigue sus logros máximos en el peculiar crisol de la lírica. "«En un vasto dominio sucede», victoriosa/ Con su iluminación, la grande poesía./ Rodeado está el ser. Al conjunto se alía./ Es siempre todo el orbe quien me ofrece la rosa." (118).

Evidentemente la perspectiva del poeta es personal, vale decir, implica un buceo en la propia conciencia, pero él es un fragmento de la asediada realidad, así su "pozo" interior "Es la entraña del mundo/ *Desde* ella lo refundo." (510, subrayado mío). Sólo de ese modo alcanza una validez para los demás sujetos. A la postre, la palabra poética forma parte del universo en pie de igualdad con los seres más aparentemente alejados de su esencia: "El poeta ve su poema,/ A la vista como ese pino,/ Ahí, ahí como ese roble." (139). Tal es la "certidumbre" del poeta. Con nuestro trabajo trataremos de especificar cuál es el espacio de la voz (principalmente lírica, pero no sólo en esa formulación) en dicho marco, deteniéndonos sobre todo en la zona más alejada del mismo: el silencio. [7]

La función primera de la palabra es crucial: ordenar el mundo, constituir armonía donde habita el caos,[8] o lo que es lo mismo, enfrentarse a la desesperanza de los hombres. Quizá sirvan de punto de partida para aclarar ese extremo unas líneas paradójicas de *Homenaje* donde se define la obra del creador de *Il Gattopardo*: «Qué desesperación en tu amor a la vida (…)/ Entonces, Lampedusa, te salvó el acto mismo/ De expresar para siempre tu implacable zozobra." (115). El sintagma "para siempre" nos avisa de la dimensión temporal que ofrece la lucha aquí planteada. El verbo "salvar", sobre el que habrá que

---

[6] Sobre la poesía guilleniana en su circunstancia, *vid.* L. de Luis, "Jorge Guillén entre dos citas de Manrique", *El Urogallo*, 24 (1973) 21-24, 22. R. Paoli, "Jorge Guillén ante Italia", *RO*, XLIV (1974) 98-116, 104. C. Cuevas García, "El compromiso en la poesía de Jorge Guillén", *Analecta Malacitana*, VI (1983) 319-338, 329. R. G. Havard, "Guillén, Salinas and Ortega: Circumstance and Perspective", *BHS*, LX (1983) 305-318, 310.

[7] Téngase en cuenta que no es el objetivo de este trabajo establecer los rasgos internos específicos del discurso poético, dado que ya han sido estudiados en la obra de Guillén desde hace tiempo, *vid.*, p.e., R. Gullón, "La poesía de Jorge Guillén" en R. Gullón y J. M. Blecua, *La poesía de Jorge Guillén (Dos ensayos)* (Zaragoza: Heraldo de Aragón, 1949). 11-140, 36 ss.– y que, además, no son el aspecto más característico de lo que se dice en *Homenaje* sobre la lírica. Allí, primordialmente, se perfila el lugar que la poesía, pero también la palabra sin más –y a veces sin que las fronteras entre ambas sean nítidas–, ocupan en la realidad. *vid.* J. M. Blecua, "En torno a *Cántico*", *Ibid.*, 143-315, 194.

[8] Cfr. *YOP* "Hacia la poesía. 2" (199). Gibbons y Geist subrayan esta interpretación de la poesía de Guillén, "Introducción" cit., 14.

volver, apunta la solución al conflicto y enuncia con eficacia el poder del lenguaje. El proceso, con elementales visos de nacimiento, incluido el dolor que conlleva todo parto, se describe en detalle desde el terreno, más familiar para Guillén, de la poesía al volver la página, en "Al margen de César Vallejo".

> (…) Pujando hacia una luz
> De cárdena violencia
> Concluye el gemido en canto:
> De la desesperación
> Va surgiendo la esperanza. (116).

Todo ello es independiente de algunos límites que tiene el acto de la comunicación. "Último repliegue" (567) reconoce que "fatalmente" un rincón de los "seres" resiste cualquier fuerza de apertura hacia el otro, lo que supone el reconocimiento de una inatacable soledad. El gran educador que es Guillén [9] no ignora las fronteras que se imponen al esfuerzo vital-literario de su lírica, de todas las líricas, y por tanto su persistencia en esperanzar al destinatario de sus versos tiene más valor. [10]

1. La vida, la poesía, el amor

La vida, o el vivir, fecunda directamente el hecho literario, significa su imprescindible sustento. Al combatir Guillén una expresión conflictiva como "Los poetas profesores", malintencionada en algunos contextos, señala: "Trabajar también ahonda/ La vida: mi inspiración." (498). Precisa en *El argumento de la obra* la clase de vida a la que remiten sus poemas. A él le importa la vida "terrestre", valiosa en sí. [11] Por si alguna falta hacía, de otro lugar insiste

---

[9] A. Romero Márquez, "Por un Guillén total", *Ínsula*, 435-436 (1983) 3.

[10] *Vid.* J. Cassou, "La lírica ontológica de J. Guillén", en Ciplijauskaité (1975) 231-240, 239. Otros límites del poder del lenguaje proceden de posibles malos usos del mismo, lo que llama "La vil palabra" (44), o simplemente un lenguaje oscuro (23). *Vid.* I. Prat, "Estética de lo absurdo y del sentido estricto en *Homenaje*" en *Estudios sobre…*, 121-127, 122.

[11] En *El argumento de la obra y otras prosas críticas* (D. Martínez Torrón ed. Madrid: Taurus, 1985) 124. *Vid.* F. Schalk, "Jorge Guillén ante la tradición poética", *RO*, XLIV (1974) 117-128, 122. B. Ciplijauskaité, *"Una gloria ya madura bajo mi firme decisión"* en I. Ivask y J. Marichal (eds.), *Luminous Reality. The Poetry of Jorge Guillén* (Norman: The University of Oklahoma Press, 1969) 34-48, 37. M. Alvar, *Visión en claridad. Estudios sobre «Cántico»* (Madrid: Gredos, 1976) 49. A. Piedra, "Introducción biográfica y crítica" a J. Guillén, *Final* (Madrid: Castalia, 1989) 53.

acerca de un vínculo genesíaco que explica mucho de sus textos, y más en *Homenaje*, volumen que resulta de una rica biografía de lector y poeta, pero también profesor y amigo de otros profesores y literatos: "El poema que no se escribe porque/ No acaba de vivirse lo vivido" (496).[12]

La vida otorga verdad al discurso, como en Lope de Vega: "Todo, todo es verdad/ Durante ese relato en verso justo.// Vital sustancia absorbe aquel poeta" (136). Ahora bien, la palabra es un excepcional vehículo o hilo conductor, pero no es más que eso, lo que quiere decir que el instrumento lingüístico del escritor, con el sustrato vivo que acabamos de subrayar, lo que consigue es poder transmitir a su vez la misma vida que yace en su raíz. La palabra guarda el vivir en su seno y así puede comunicarlo: "Quedará en la palabra/ Tanto vivir. ¡Poeta!" (137) y luego, en memoria de otro vitalista tan probado como el dramaturgo barroco, Lorca, leemos:

> Un esclarecimiento va aguzándose
> Como si fuera ya radioso espíritu,
> Y ya tiende hacia un canto,
> Que dice...
> > Dice: vida.
> Nada más. (211).

En cualquier caso, la palabra poética se convierte en un resonador biológico de tal trascendencia que propicia la "salvación" de las criaturas en ella involucradas; su lenguaje, de este modo, equivale a sustento, o por emplear una composición especialmente adecuada para nuestro propósito: "salvavidas". La escritura de Pasternak, por ejemplo, sugiere esta sentencia "La palabra se salva, sostiene vivo al hombre." (110).[13] Téngase en cuenta el subtítulo del poemario que tratamos, "Reunión de vidas", esto es, confluencia de ellas, un contacto de numerosas conciencias facilitado primordialmente por los vocablos. Hasta tal punto es poderoso ese cauce portador de signos que supone la poesía, que la secular batalla contra la muerte se inclina del lado del hombre merced a su aliento, a pesar de todas las apariencias:

---

[12] *Vid.* "La expresión. 2" en *Aire Nuestro. Final* (Barcelona: Barral, 1981) 57. Este poemario en adelante es citado *F. Vid.* F. del Pino Calzacorta, "*Final* y la teoría lingüística de Jorge Guillén", *CHA*, 369 (1981) 521-528.

[13] *Vid.* R. Gullón, "Variations on *Homenaje*", en Ivask-Marichal (1969) 107-123, 110. O. Macrí, *La obra poética de Jorge Guillén* (Barcelona: Ariel, 1976) 126.

¡Orden, y verdadero, del poema!
Va salvándose allí la criatura
De amor que aún escribe ante la muerte.
"La muerte es ya una flor de la paciencia." (...)
Un disparo en la nuca. No se fija
Nadie. Cadáver con sus versos, vivos. (120).

El título resulta tan significativo como la obra, "Última resistencia: poesía". Consiste en un trabajo dedicado al poeta húngaro Miklós Radnóti, asesinado en 1944 por ser judío. El texto demuestra fehacientemente un compromiso bastante probado en *Clamor*, compromiso con la vida ante todo; sólo que ahí su vínculo con la circunstancia no puede ser más hiriente. Por otro lado, la intensa pena del autor no ofusca su lucidez en la meditación que ejercita el poema. En el momento límite que recuerdan sus líneas, en el radical desconcierto que los hombres pueden crear, porque es su mundo el que está mal hecho, el único amparo, "orden", corre a cargo de la voz lírica. En ella queda, aunque sea al lado de un cuerpo muerto, la vida que estuvo en su fuente.

La cita precedente menciona también la forma que adopta lo vital en su máximo esplendor, la relación amorosa, y, con lo que llevamos expuesto, es lógico que las palabras jueguen un papel destacado en el desarrollo de lo afectivo. En efecto, véase cómo plantea Jorge Guillén la aparición del amor en uno de sus poemas "a Silvia": "Amistad. Y después, ternura. Luego,/ Una atracción. Existe más la boca./ Habla. Calla. Me place, sí, me entrego." (248). El avance paulatino del amor así explicado, con la precisión y matices que es capaz de reunir el poeta, se fundamenta por la palabra. De forma similar a como la vida está en el origen de la poesía, sabremos que esa peculiar comunicación de "almas" (248) que es conocida como "amor" nace por causa de las voces cruzadas de sus protagonistas. La boca se convierte en una parte del cuerpo esencial en el intercambio que acompaña a los efectos; por sí misma, pues significa cifra de la mujer en la tradición poética, pero además porque "habla" o "calla"; de ella parten los nombres y el silencio.

La íntima coincidencia de palabra y amor llega al extremo de que la primera, en su manifestación escrita, sirve a Guillén para simbolizar la plenitud de su sentimiento:

La página está en blanco y nos espera.
Nuestras dos escrituras sucesivas

> Alternarán sus frases de manera
> Que yo adivinaré lo que no escribas
> Y tú sabrás leer mi alma entera. (253).

No parece que este poema sea sólo una feliz ocurrencia de la retórica guilleniana, dado que forma parte de un conjunto en el que se encuentra el que se analiza en el párrafo anterior y alguno más que se verá más abajo. Amor, pues, vale como escritura –a la postre cabrá decir que el vivir queda convertido en suma de renglones dispuesta en una "página en blanco" con recuerdo simbolista incluido–, y se resuelve en el acto de leer, fase de capital importancia en la tarea comunicativa que glosamos, porque en el equilibrio que ha de presidirla sólo la recepción da sentido a todo el proceso.

Pero no sólo eso, sino que el lenguaje llega a fundar al ser querido:

> Tu boca es verdadera y me persuade.
> Con labios que son míos y palabras
> Ante mí sin cesar reveladoras
> De ese desnudo ser que a ser no llega
> Sino con mis palabras y mis labios. (260).

Ha de observarse el uso que hace Guillén de los posesivos para crear una confusión entre los amantes en la que, ejemplarmente, se pone de manifiesto la profunda transformación que aporta el amor a sus seguidores; de ahí "tu" boca, pero con "mis" labios, momento a partir del cual no sabremos a quién pertenecen los demás sustantivos poseídos del texto. No tiene excesiva importancia porque entre los interesados existe una "verdadera" comunidad, y este adjetivo, cercano a verdad, es uno de los que conforman el universo de lo positivo en el escritor, como advertimos antes. Sí conviene subrayar cómo el sujeto ha precisado un tanto la naturaleza de la boca, ahora con "labios". Por fin, en cuanto a las palabras, hay que llamar la atención sobre el complemento "reveladoras", que confirma lo que sabemos de su papel en la aventura del conocimiento que emprende el individuo, y sobre lo que apuntábamos al principio: el ser amado es posible gracias a ellas; en un trance de la historia personal, como el amor, en que la comunicación alcanza sus cotas más elevadas. El más sutil instrumento humano para comunicar no puede sino ser la piedra angular del edificio.

Todavía es más evidente la indisoluble unidad entre amor-lenguaje en "Amor a Silvia. 33", donde las palabras parecen girar alrededor de la persona querida, y sin embargo, a continuación el sentir se presenta mediatizado por la voz: "Único nombre: tú./ A su través te quiero." (261). Llegamos de este modo a la conclusión lógica del primer apartado. Comprobamos que había un movimiento reflejo en la relación "vida/poesía". La primera daba lugar a la segunda y ésta, por su parte, transmitía la esencia de aquélla. En cuanto al par "lenguaje/amor", ocurre algo no muy distinto. El afecto sólo existe sobre los hombres, pero él mismo genera un discurso, ya "trasfigurado" (208) en un registro específico, el poético. No podía ser de otra manera, dado que la médula de los signos verbales, como la del sentimiento amoroso, es la proyección fuera de sí; son comunicadores y consecuentemente se dirigen al otro. Este segundo reflejo queda expuesto en "El lenguaje del amor":

> Ya tanta plenitud
> Quisiera ser bien dicha.
> Desemboca el silencio en la palabra,
> Y la palabra surge
> Con tal fervor que es nueva
> Para nombrarte, desnudez presente
> Bajo la luz que te descubre, pura, [...]
> Tu intimidad, amor,
> Siempre recién creada: poesía. (231).

2. El diálogo, el lector, el libro

A partir de lo que llevamos dicho es posible plantear el carácter que *Homenaje* tiene de libro de "diálogos". La palabra da pie, por su naturaleza, al intercambio de voces. El libro que aquí se analiza es parte de un diálogo, ya que supone la existencia de "otras" palabras con las que Guillén cuenta y a las que contesta. Se trata de manifestaciones lingüísticas generalmente escritas, de forma que alguien tan preocupado por sus lectores como nuestro autor, llega a ese interés desde su íntima experiencia de escudriñador de escrituras ajenas (y de la propia, *vid.* 124 ss.). Incluso algunas de ellas están incorporadas al volumen en los epígrafes o en la parte 5, "Variaciones" (381 ss.), que es como el poeta llama a sus traducciones. En rigor, éstas no serán las obras textuales de los demás escritores, sino lo que Guillén nos dice que dicen, pero su dinamismo, al ofrecer diversas versiones de un mismo original, en lo que no es sino una prueba de las posibilidades de lectura que todo texto conlleva, las hace valiosas y terminan por fundamentar nuestra hipótesis del intercambio verbal como una clave de este prolongado "homenaje".

En efecto, al hacer resumen de su vida en un poema de enorme trascendencia, humildemente titulado con una locución de la lengua coloquial, "El cuento de nunca acabar", llega a decir: "¡Amigos! Este Globo/ Florece bajo diálogos" (592). Ha elevado en esa tesitura la vivencia individual a categoría. Algo tan aparentemente personal como la confidencia expuesta en uno de los apuntes "Al margen de Stendhal" queda convertida, a la postre, en mecanismo planetario: "La luz de aquella tarde realzaba aquel punto/ De fervor compartido. Preciosa, la ciudad/ Se unía a nuestro diálogo. Acorde a tal conjunto,/ Sentí que por la dicha llegaba a una verdad." (74). Elementos tan significativos del pensamiento poético guilleniano como "fervor", "acorde", "dicha" o "verdad" adquieren su dimensión real sólo al ser "com-partidos", en un sentido etimológico. Para ello el instrumento más idóneo será el verbo. Y así el mundo adquiere continuidad, como acaso podrían sugerir esos oportunos encabalgamientos, por los que ciertas frases "continúan" el verso siguiente, en él se completan.

La conversación se traba hasta con las cosas. Por ejemplo, Guillén señala sus esfuerzos. "En convivir, en dialogar ahora/ Con algo que a su modo acompañándome/ Ya está fuera de mí.// «Te necesito, mundo.»" (219). Está ante un momento de insomnio y se dirige a un "candelabro" en medio de la oscuridad. La situación se repite en varios poemas y favorece las meditaciones, generalmente con centro en el silencio. Ahora el curso de las mismas atañe a lo que rodea la existencia. El hombre es "con" un entorno, al que, aparte de que sea objeto o no, llama "compañía". Lo que más nos importa de esta vertiente "relacional" del ser humano es el papel que corresponde a la palabra en su realización. Al respecto, su protagonismo es absoluto. Lo verbal es el "puente" con el resto de lo que está en la realidad. El temor atávico de la tiniebla se combate mediante un punto de luz que es candelabro o lenguaje. Esta es la verdadera lámpara que ilumina el mundo imprescindible; por él se produce lo que en otro lugar se denomina el "contacto fecundante" (494), y no se olvide que tal expresión es aplicable a múltiples facetas de la trayectoria guilleniana: poesía, amistad, amor o docencia.

Lo contrario al diálogo, al contacto con que finalizaba el párrafo precedente, es el monólogo. Si aquél supone la fecundidad —al cabo, la vida—, éste será lo opuesto, es decir, la muerte únicamente. Repárese en la súplica con que

finaliza "Las coronas", donde el sujeto implora una respuesta que pueda vin-
cularlo al mundo de los vivos: "Heme a tus pies, responde,/ No me dejes morir
de soliloquio." (349). La grandeza de tal declaración estriba en haber hecho de
la palabra en soledad, baldía por tanto, al ser un puente que no conduce a ninguna parte, toda una causa de muerte, una suerte de enfermedad fatal, todavía más trágica al existir, como parece, un antídoto. Algo similar encontramos
en "Al margen de Balzac". "No fue hacedero el diálogo. Mandaba./ En sus
puños de jefe sin errores/ Verdad era justicia: muertos, muertos." (79). Además
de comprobar, de nuevo, el irrestañable compromiso de Guillén con el
mundo del dolor y la sociedad civil, lo que queremos subrayar del fragmento
es la confluencia de la imposibilidad de intercambio verbal y de la muerte, con-
sumada ya y resaltada por la repetición del adjetivo.

Una vez puesta de manifiesto la universal necesidad del diálogo, se
impone una indagación ulterior sobre a quién dirigirá el poeta su palabra. "Un
alma necesita ajenas almas/ En una relación que a todas salve./ He ahí, por de
pronto, la justicia/ De la palabra" (142). Conviene apuntar las precisiones en
el tema de la salvación que presenta Guillén en estos versos. Permanece el lenguaje en el horizonte del proceso, pero se han concretado los otros partici-
pantes. Son hombres lo que están en juego, humanos que han de enfrascarse en
un "contacto fecundante" o, dicho de otro modo, han de situarse "en relación"
a fin de sobrevivir. Téngase en cuenta que no se ponen condiciones previas de
ninguna clase, el único requisito es la disposición de ánimo receptiva, apenas
una voluntad de cruzar vocablos es suficiente para dar el mentís a la muerte.

Pues bien, en el universo de la lírica ese "otro" esencial que se pretende
es el lector.[14] En principio la pregunta acerca de la existencia de tal personaje, tan sólo recibe un "Ojalá". No es casual que el fugaz escepticismo de Guillén, poeta asediado por lecturas ligeras, cuando no simplemente sesgadas, surja

---

[14] El oyente en sentido estricto aparece raramente en sus poemas, *vid.* "Al margen del
Poema del Cid. El juglar y su oyente" (35); cfr. *F* "La expresión. 20" (65). Sobre el lector, *vid.*
V. LLoréns, "J. Guillén desde la emigración (En torno a *Homenaje*)", *RO*, XLIV (1974), 78-97,
79. J. L. L. Aranguren, "La poesía de J. Guillén ante la actual crisis de valores", en Ciplijauskaité (1975) 255-272, 269. J. M. Blecua, "*Final* de J. Guillén y un tema: la poesía" en J. M. López
de Abiada (ed.), *Entre la cruz y la espada: En torno a la España de posguerra. Homenaje a
Eugenio G. de Nora* (Madrid: Gredos, 1984) 45-55, 52. s. A. P. Debicki, "*Final*: Reflejo y ree-
laboración de la poesía y poética guillenianas", *Sin Nombre*, XIV (1985), 85-105, 87. F. J. Díaz
de Castro, "J. Guillén ante la «realidad irresistible» (En torno al tema de la poesía en *Y otros poemas*)", *Annals* 1 (1986) 55-81, 72 ss.

en un texto titulado con zumba "Si el crítico leyese" (500). Pero salvo las cautelas frente a esos manipuladores de su obra, la actitud de este lector ante sus receptores es la que avanzábamos hace un instante: "Poesía a todos abierta:/ Poesía." (493). Adviértase la tajante postura que implica lo conciso de la cita; para Guillén, la "poesía", por definición, ha de estar al alcance de todos, y eso supone el segundo verso tras la igualdad que aportan los dos puntos del anterior.

Mas ya conocemos que éste es un asunto de "vidas". "El verso vive en ti,/ Lector y tú lo asumes/ Como infusa existencia enraizada/ Bajo tu superficie." (208). Al componer su soberbia elegía a Pedro Salinas, Guillén no cae en lo que para él son errores, como emplear la segunda persona del singular, pero sí puede poner en práctica el sistema de relaciones que en estas páginas intentamos desbrozar. De ahí que el "oyente-lector" se transforme en receptáculo de la vida que nutre el discurso del amigo muerto. Esto ocurre no de manera pasiva o mecánica, sino que significa una toma de partido por parte del receptor. Él se hace cómplice de la operación de escribir con su asunción de la obra leída y, en última instancia, habrá de modificar su vida personal al entrañar esta "otra", pronto indiferenciada, "enraizada".

En definitiva estamos ante una "Tentativa de colaboración" en la que, igual que el autor de la obra aparece en ella con rasgos de recopilador de múltiples lecturas, el que lee sus composiciones llega a ser considerado a su vez como nuevo poeta. "Palabra hacia poesía,/ Que se cumple acaso en ti,/ En tu instante de poeta,/ Mi lector." (517). Se trata de un cruce de papeles que la aludida esencia transmisora del lenguaje posibilita –hasta lo hace inevitable–, y que supone una intimidad entre los dos seres involucrados que acierta a expresar el posesivo "mi". Debe tenerse en cuenta, por otra parte, que tal como dejan entrever los versos de la cita, lo verbal sólo llega al nivel de la poesía al ser "recreado" por el "segundo poeta". En otros lugares Guillén vuelve en torno a esta concepción nuclear de su teoría lírica. Al recordar a "Juan Guerrero Ruiz", afirma que "Obra con hombre es compleja" (195) y no será necesario enfatizar el interés demostrado en *Homenaje* por "completar" su trayectoria. Sobre ello vuelve en la antología *El poeta ante su obra*, donde comenta: "el poeta de *Aire Nuestro* se dirige siempre, desde la soledad de su pluma, a un lector. Sin él no se llegaría a realizar el acto literario.".[15]

---

[15] *Op. cit.* (1980) 106.

La forma material que adopta la relación entre el escritor y su público ha de ocuparnos en el próximo tramo de nuestro estudio, dado que entre ambos generalmente se encuentra la presencia del libro.[16] Guillén siempre fue muy consciente de la importancia de un "intermediario" como el editor –en ello coincide con otros poetas contemporáneos empezando por J.R. Jiménez y Altolaguirre–, personaje al que llama "amigo" en un poema que es casi un manifiesto para esta faceta de su obra: "Se reparten los blancos entre líneas/ Y por corteses márgenes con justa/ Proporción. El ánimo contempla,/ Relee bien, domina el mundo, goza." (479, todo él en versalitas). En otros momentos le ha ocupado la "justicia" interna de los términos de su discurso poético, pero semejante afán de precisión parece responder a un deseo más global, al que no puede escapar el espacio físico del encuentro que permite la literatura. Es lo que corresponde al acto excepcional que menciona a continuación, pues desde el microcosmos del texto dirige la realidad y, como leemos en "Juan Ruiz", se rescata el pasado y sus habitantes: "Todo el libro conduce sin cesar hacia un hombre." (133).

Una consecuencia de lo que antecede es que el libro se sitúa "en" la vida: "*Un ángulo me* baste *entre mis lares*/ Con libro, con amigo y lentamente,/ Mientras, me guíe Amor por su corriente,/ Y vayan nuestros ríos a sus mares." (52). Más aún, concentra en sus páginas buena parte de lo que significa esa corriente vital para Guillén. En el volumen de síntesis que es *Homenaje* probablemente el "libro" sea la más acendrada de las que allí concurren. Por otro lado, repárese en que en la cita se juntan dos conceptos centrales del poemario: lo literario y la amistad, porque el tercer apartado de *Aire Nuestro* quizá pueda definirse como un libro de amigos y para amigos, independientemente de la vía que haya fomentado tal amistad, el trato directo o la letra impresa.[17]

Sin duda se explican con esas premisas algunas características de estos objetos. Una inabarcable extensión en primer lugar, como evidencia la dura y

---

[16] J. Neira, *La edición de «Tréboles» (Y otras publicaciones santanderinas)* (Cáceres: Univ. de Extremadura, 1986) 36.

[17] Sobre lectura y amistad, *vid.* "Al margen de Fray Luis de León. La lección" (47); por la lectura la amistad vence al tiempo, cfr. "Pasado en presente" (*YOP*, 83); *vid.* I. Ivask, "On First Looking into Guillén's *Homenaje*" en Ivask y Marichal (1969) 124-130, 128. J. Casalduero, *«Cántico» de Jorge Guillén y «Aire Nuestro»* (Madrid: Gredos, 1974) 263. J. M. Blecua, "El tiempo en la poesía de Jorge Guillén" en Ciplijauskaité (1975) 183-188. L. F. Vivanco, "Jorge Guillén, poeta del tiempo", en *Introducción a la poesía española contemporánea* (Madrid: Guadarrama, 1957), 73-101.

esperanzadora respuesta a Mallarmé: "Ah, la carne no es triste, no leí todo libro./ Jamás se me hartarán los ojos ni las manos." (91). Pero también su cercanía al prodigio, o para ser más exactos, su obvia carga mágica: "Toma este libro. Estúdialo bien. Estas líneas te darán oro. Gracias a ese círculo animarás truenos, relámpagos, tempestades. (...) Todo obedece a esta magia." (55). Las frases de Mefistófeles en "Al margen de Marlowe" no sólo confirman el pórtico a lo extraordinario que abre la escritura, sino que afianzan algo de lo dicho más arriba: el libro encierra en su seno las leyes del mundo y, por tanto, puede someterlo. Sin embargo, tanta fuerza acumulada en un objeto puede tener derivaciones insospechadas para el lector. El recuerdo del Doncel de Sigüenza y un nimio incidente cotidiano, apenas la caída de las manos de un libro, hacen al poeta-lector vislumbrar el porvenir con serenidad y tristeza simultáneas: "Leo mal, no leo,/ Leo mi destino." (376).

3. Palabra junto a silencio

El complejo proceso de restitución de la vida que comporta el lenguaje ha de contar con un marco de silencio ineludible: "Entre silencios/ La voz." (233).[18] La imagen predominante de ese contexto a lo largo de *Homenaje* no supone la casi esperable confrontación con el entramado de palabras que afirma el volumen. Esto es así por el componente telúrico del mismo: "Que la ciudad retorna a sus orígenes,/ Reproduce el silencio aun no poblado,/ Es tierra oscura que lo aguarda todo." (280). Estamos ante un rasgo de lo primigenio y su vacío, dispuesto a recibir una realidad de la que forma parte su clave lingüística. Más aún, el silencio pertenece al conjunto del universo,[19] a las estrellas de fray Luis de León, hasta el punto de que la música celeste se sostiene sobre él: "Toda la algarabía/ Desemboca al silencio.// Silencio de que parte, llano liso,/ La música (...)" (135).

---

[18] Cfr. *YOP* "Azorín y el silencio" (317) y "Hacia la poesía. 18" (205). *Vid.* Amparo Amorós, "Palabra y silencio en la poesía de Jorge Guillén", *Ínsula*, 435-436 (1983) 4. O. Paz, "Horas situadas de J. Guillén", en Ciplijauskaité (1975), 247-254, 250. E. Martín, "Poética y tipografía: El poema «El cisne»", en *Le discours poétique...*, 133-146, 139. N. Ly, "Los jardines", *Ibid.*, 167-183, 182.

[19] El silencio del universo se retoma en "Silencio hallado en Ibiza" (156) y en *YOP* "Áto mo", 15.

Buena parte de los elementos que confluían en los últimos fragmentos reproducidos coinciden en un breve poema que aporta una valoración acerca de la quietud [20] que puede significar el silencio.

> Es tan estrepitoso nuestro día,
> Desgarrado por máquinas crueles,
> Que el silencio recubre nuestra noche
> Como si las alturas estelares
> Nos consolaran de habitar la Tierra. (549).

La perspectiva de Guillén sobre el ámbito humano lo descubre como lastrado por una considerable carga de confusión, aquí llamada "algarabía" o "estrépito". El silencio pues, por lo que tiene de carencia de dichos avatares, significa una superación del desorden. Ahora bien, su máximo elogio llega poco después con una referencia a cargo del receptor que predomina en *Homenaje*: "Y el insomne bendice con Cervantes/ Este silencio, sí, «maravilloso»" (552), donde no falta ni la pura afirmación característica del discurso guilleniano, poco habitual en el poemario analizado y, por eso, más relevante en una entusiasta alusión al silencio, por más limitado que éste sea merced al demostrativo.

A la postre, el silencio consiste en un complemento necesario de la voz, hasta cuando se alza como oponente. En efecto, aplicado al conjunto de lo real puede convertirse en evidente indicio de desconocimiento y generar cierto caos en el individuo que asiste a su espectáculo. Tal circunstancia se producirá al socaire de la noche y con su oscuridad como factor determinante:

> Noche muy larga, muy larga
> Como si fuese infinita
> Porque el silencio la carga
> De vacío donde habita
> Mudo y sordo un orbe ignoto. (517).

Es el resultado de la ambigüedad que permite entender el "silencio" como falta absoluta o "vacío", sin que medie el elemento de beatitud que veíamos arriba. Pero aun así, todavía no estamos ante una presentación plenamente negativa del tema. Porque la aparición postrera del nombre, el

---

[20] Cfr. M. Molho, "Beato sillón" en *Le discours poétique...*, 185-199, 197; *YOP* "Tentativas terrestres" (21) y "Epigramas. XI" (431).

"candelabro-nombre", sólo tiene sentido en medio de la tiniebla con la que Guillén enuncia las angustias de la persona. Contra ellas alza el lenguaje su maquinaria luminosa: "Con mi palabra me guío".

Una morfología del silencio, aunque sea tan breve como ésta, ha de situarlo más precisamente en la oscuridad y en la luz.[21] El tercer libro de *Aire Nuestro* está escrito, ya lo advertimos, al compás de las horas, como una suerte de diario donde dejar constancia del talante de las fases de la jornada. El espacio por excelencia del silencio es la noche. Lo callado de ella supone un fondo sobre el que resaltan los pocos acontecimientos que ocurren, algunos de la trascendencia del curso del tiempo, más obvio en la lucidez de la quietud nocturna (297). A la vez, el silencio parece ser un aspecto de la oscuridad que separa al sujeto de lo que le rodea, un obstáculo que debería impedir toda percepción ("Muro fortalecido por tiniebla y silencio,/ Silencio como parte de la tiniebla misma", 199) y al que Guillén consigue dotar de "porvenir creciente". Él ha transformado la mera negación en semilla de ulteriores luces y voces.

El término de la noche también favorece algunas alusiones al silencio. En esos momentos vuelve el sosiego a vincularse con él: "Calla la madrugada.// Hay silencio delgado" (149). El adjetivo no resulta baladí y subraya lo pasajero del fenómeno al presentarse involucrado en la vida del hombre, pero habrá que considerar que puede superarlo e interesar al cosmos –eso se ha comprobado– o a la eternidad de la muerte. La nieve es otra seña del alba estrechamente ligada al protagonista de estos párrafos, de manera que Guillén construye la equivalencia: "Silencio: nieve." (175). Por ese camino, a la hora del amanecer, luz y silencio se juntan invirtiendo aquella, en apariencia evidente, fusión con la tiniebla. No insistiremos en el deíctico que apunta a la transitoria situación, lo que avalaría, por otro lado, el carácter de "pausa" de la hora. A pesar de todo, de su importancia de fe "inviolable", término que concede al instante un halo vagamente religioso:

> Este silencio, riguroso ahora
> Como un pausa inviolable, junta
> Su reserva y su espera en vilo a un alba
> De blancos grises que al azul invocan

---

[21] Sobre la noche y el silencio, *YOP* "Noche de historia" (274), "Epigramas. VIII" (414); *F* "Más noches. 2" (49), "Más noches. 3" (117). Para la luz y el silencio, tambien en *Homenaje*, "La inminencia" (37), "El bien llegado" (199); *YOP* "Una altura" (282).

Desde este corredor en que se funden
–Todos duermen– la luz y este silencio. (552).

Otro matiz capital en relación a este problema radica en su papel dentro del amor. Vimos que la palabra es origen y cima de dicho sentimiento. Ahora podemos hacer constar que igualmente coadyuva en su existencia el contrapeso del silencio, lo que, en última instancia, confirmará la interdependencia de ambos conceptos. Para empezar, el despliegue del afecto es propiciado por el carácter silencioso de su marco: "Irradias atracción/ Desde ese ya silencio/ Del ser más inmediato" (269), pero todavía es más claro su influjo en la relación de los amantes a través del siguiente ejemplo: "Tanto silencio en torno tuyo, mi amor dormido,/ Da al amor y a la noche su rumor estelar" (273). Queremos llamar la atención con respecto a un extraño fenómeno que en seguida habrá que retomar: el silencio al intensificarse llega a la anulación de su propia esencia en los predios del amor.

Hasta el clímax del sentir lo tiene como punto de referencia: "Conjunción oscura,/ Acorde en silencio." (284). Tácitamente el poema revela un límite de la palabra, su incapacidad en determinados trances de la historia del individuo, bien que de modo excepcional. En otro texto, titulado precisamente "Lenguaje", Guillén llega a desear que "Entre mi boca y tu boca/ Triunfe el silencio mayor." (350). Repárese en que escoge la parte del cuerpo más vinculada a la voz, que además concentra en buena medida el erotismo del autor. Entendemos que los diferentes acercamientos a la difícil realidad amorosa responden a la misma complejidad del hecho que se intenta expresar, con un reducto inaccesible a lo verbal, pero que no es síntoma de aislamiento como otros rincones del espíritu, sino un elemental gozo que se ha de compartir, aunque sea calladamente. Sin embargo, Guillén es un alquimista de la palabra y logra que, por gracia de la poesía, del silencio más hondo brote la voz en paradójica continuidad: "Que tu silencio venga hasta mis brazos,/ Se ahonde y se transforme/ De pronto en un murmullo, (...)/ Y sea voz, tu voz" (352).[22]

El último tramo de nuestro estudio se alcanza al dilucidar el sitio que ocupa el silencio entre los humanos fuera ya del terreno amoroso. Es verdad que "Invitación a un viaje" afirma la posibilidad de que lo silencios cristalicen

---

[22] Abundan en estas cuestiones: "Repertorio de junio. 20" (285) y "Jaculatorias" (582).

en "un diálogo mudo" (229), pero estamos ante una excepción poco significativa a la vista de las próximas composiciones, donde incluso tenemos completamente invertida tal situación. Las palabras pueden existir, ahora, si no alcanzan a su destinatario, pero nos encontramos ante un silencio de hecho, un diálogo frustrado o, aun mejor, una yuxtaposición de monólogos: "Mis vanos soliloquios van y vienen/ Desde el silencio mío a tu silencio" (357). No habíamos documentado todavía este tipo, que supone soledad y que hay que atribuir a los incidentes de las relaciones humanas, como los estrépitos anteriores. Así en el ejemplar soneto "Sin diálogo" se habla del "silencio como herida" (348). En un universo lleno de sensaciones, el dolor, con independencia de que afecte al ánimo, ha de contar con una imagen física como ésa, que adquiere su valor de su misma sobriedad.

Con todo, el silencio definitivo sobreviene a los hombres, mas consiste en una ley universal. Guillén recuerda a Salinas, unos "momentos/ En que un alma es su voz,/ La voz propicia al diálogo vivísimo" y llega a estos versos desglosados del resto del poema: "Y el silencio –mortal, incongruente,/ Brusco– tajó el coloquio." (205). La amistad y la palabra como supremas razones para vivir quedan destruidas simultáneamente. Los paréntesis de silencio que se vieron antes poco tienen que ver con la infinita realidad de la muerte, a la que es más cercana la callada música de las esferas, sólo que en su manifestación más cruel. De esta forma, quien ha gozado de la maravilla cervantina de lo silencioso, en una de las escasas ocasiones en que roza la desesperación, increpa precisamente al silencio (358).[23]

Jorge Guillén se atiene a la realidad, certifica sus leyes y lleva a cabo su comento con íntima sabiduría. Por ello no queda su discurso en esa airada explosión. Él continúa la actividad reflexiva, la suma de preguntas: "¿El silencio produce su aparición sonora?/ ¿Se identifican ser y nada? ¿Todo es uno?" (175). Ha puesto su voluntad en jerarquizar las percepciones, pero es cierto que la continuidad entre silencio y su negación, la palabra principalmente, ha de ser reconocida, del mismo modo que la dura regla del morir no es tan distinta de la que rige los rastros estelares, pues ambas comparten el silencio. Frente a eso el poeta en su madurez prosigue la meditación sobre el lugar que le corresponde con su vocación literaria en el gran juego. Da testimonio del hombre como "ser-

---

[23] Cfr. I. Prat, *«Aire Nuestro» de Jorge Guillén* (Barcelona: Planeta, 1974) 220. *Vid.* además "Arte de callar" (38), "Sobre el silencio, la palabra" (495), "Muerte y petrificación" (359).

devenir", en palabras de J.M. Rozas,[24] reúne vidas en *Homenaje* y se equivoca al escribir: "Hemos llegado al fin y yo inauguro,/ Triste, mi paz: la obra está completa" (595),[25] no porque sigan después *Y otros poemas* y *Final*, sino porque, si nos atenemos a su magisterio lírico, la obra no está completa más que en los sucesivos "poetas-lectores" que se aproximen a ella, en sus vidas, fecundadas en silencio por el verso guilleniano.

J. E. S. A.

---

[24] J. M. Rozas, "J. Guillén: *Que sean tres los libros e uno el dictado*", en *Homenaje universitario a Dámaso Alonso* (Madrid: Gredos, 1970) 207-220, 219. *Vid.* también J. M. Blecua, "El poema 'Los hombres" de J. Guillén", *Ínsula*, 435-436 (1983) 3.

[25] Cfr. *F* "Inspiración. Poema. Ordenación. Conjunto" (300). Sobre *YOP* y *F*, F. H. Díez de Revenga, *Poesía de senectud. Guillén, Diego, Aleixandre, Alonso y Alberti en sus mundos poéticos terminales* (Barcelona: Anthropos, 1988) 63-128.

JUAN AGUILERA SASTRE E ISABEL LIZARRAGA VIZCARRA

LOS TRES PRIMEROS MONTAJES DE AMOR DE DON PERLIMPLÍN CON BELISA EN SU JARDÍN, *DE LORCA. BREVE HISTORIA DE TRES EXPERIMENTOS TEATRALES*

LA HISTORIA DEL TEATRO, nadie lo duda, no puede reducirse a la calidad de sus textos y a la nómina de sus autores, ni fosilizarse en antologías más o menos rigurosas. En el hecho teatral y, en consecuencia, en la virtualidad artística de la obra dramática, confluyen otros muchos elementos consustanciales al arte escénico, que alcanza su verdadero sentido en el supremo, fugaz e irrepetible –y por ende, difícilmente recuperable– momento de la puesta en escena, del montaje y su recepción por unos espectadores. Hasta ahora, la crítica pocas veces ha intentado la recuperación de estos momentos. Estas páginas pretenden contribuir, modestamente, a escribir un brevísimo capítulo de esa historia que apenas existe, pero necesaria en tanto en cuanto sea susceptible de ser rescatada del olvido, porque esa sí ha de ser la verdadera historia de nuestro teatro.

La singular peripecia escénica de los tres primeros montajes de *Amor de don Perlimplín con Belisa en su jardín* merece nuestra atención por la contrastada calidad artística de la obra lorquiana, a pesar de la marginalidad con que a menudo ha sido tratada por la crítica. También, por la escasa fortuna y divulgación que han tenido los pocos montajes que de ella se han ofrecido en España hasta nuestros días, siempre en teatros marginales y de aficionados, hasta que en octubre de 1990 José Luis Gómez decidió romper esa aparente alergia del teatro profesional hacia esta "Aleluya erótica" y la estrenó en el teatro Bellas Artes de Madrid bajo el título de *Quimera y amor de don Perlimplín con Belisa en su jardín*, protagonizada por Héctor Alterio, Sonsoles Benedicto y Mercedes García Bernal. Y, sobre todo, porque tal peripecia se nutre de los impulsos renovadores de tres experimentos teatrales que han marcado, en tres momentos bien diferentes de nuestra historia (la Dictadura de Primo de Rivera, la República y la Guerra Civil), hitos sobresalientes en la concepción y realización de un teatro alejado de la rutina habitual en los escenarios comerciales de aquellos años.

1929. El Caracol

Entre las experiencias encaminadas a diseñar una alternativa renovadora al teatro industrial durante la década de 1920, merece un lugar a todas luces preeminente la figura de Cipriano de Rivas Cherif, impulsor de ensayos como El Teatro de la Escuela Nueva, El Mirlo Blanco o El Cántaro Roto, cuya efímera existencia impidió logros de mayor trascendencia para el futuro de la escena española.[1] Alentado, a pesar de todos los obstáculos, por el éxito de público y crítica de estos pequeños grupos, desde finales de 1927 Rivas Cherif persevera en la idea de fundar otro con nuevos bríos, al que inicialmente se iba a llamar Sociedad Filodramática, a semejanza de la Sociedad Filarmónica, cuyo éxito en el campo musical trataba de trasladar al mundo de la escena.[2] Pero sólo a finales de 1928 lograba salvar las dificultades y conseguía un pequeño local en el que dar rienda suelta a sus ilusiones, útil tanto para representaciones teatrales como para recitales poéticos, conciertos, conferencias y proyecciones de cine selecto.[3] Nacía de este modo El Caracol:

> El caso fue porque un día, a falta de cosa mejor que escribir, reiteré, pluma en ristre, una pequeña lamentación platónica: en Madrid, con tantos grandes teatros y cinemas, no había una sala pequeña donde la conferencia, el concierto de cámara, el teatro íntimo, tuvieran lugar ade-

---

[1] Sobre estos primeros grupos experimentales, véanse los artículos de Jean Marie Lavaud, "El nuevo edificio del Círculo de Bellas Artes y 'El Cántaro roto' de Valle-Inclán", *Segismundo*, nº 20-21, 1975, pp. 237-254; Juan Aguilera Sastre "El Teatro de la Escuela Nueva de Cipriano de Rivas Cherif", *Cruz Ansata*, Universidad Central de Bayamón (Puerto Rico), vol. 6, 1983, pp. 111-125; y "La labor renovadora de Cipriano de Rivas Cherif en el teatro español: El Mirlo Blanco y el Cántaro roto (1926-1927)", *Segismundo*, nº 39-40, 1984, pp. 233-245; y Gloria Rey Faraldos, "Pío Baroja y 'El Mirlo Blanco'", *Revista de Literatura*, XLVII, nº 93, 1985, pp. 117-127.

[2] "No sé si recordarás que hace tiempo te hablé del teatro de Arte que quería fundar con Rivas Cheriff (sic), aquel muchacho que conocí cuando los ensayos del S. Francisco. Hoy día es un hecho o poco le falta para serlo.

Estos serán representaciones teatrales de obras que no se hagan en los teatros mercantiles. Por lo pronto yo aparezco ahí únicamente como actor y codirector; más adelante seré también *autor* pues pienso colocar algo de lo mío. Gracias a mi actividad me han nombrado ya secretario de la Sociedad Filodramática –que así se llamará". (Carta de Felipe Lluch Garín a su madre, fechada el 17 de enero de 1928, archivo familiar de Felipe Lluch. Agradecemos a su hijo, José Antonio Lluch, las facilidades que nos ha dado para consultar los papeles de su padre).

Por otra carta posterior de Felipe Lluch a su madre, del 6 de febrero de 1928, sabemos que el proyecto hubo de posponerse al no obtener la autorización pertinente de la Dirección General de Seguridad.

Véase también Cipriano Rivas Cherif, *Cómo hacer teatro: Apuntes de orientación profesional en las artes y oficios del teatro español*, Valencia, Pre-Textos, 1991, pp. 335-336.

[3] Véanse sus artículos "Diatriba contra los grandes espectáculos. Teatro y 'cine'. Una sala y un tabladillo", *ABC*, 5 de septiembre de 1928, pp. 10-11; y "La Cifra 'Rex'. Una cámara para 'espectáculos dentro del espectador'", *ABC*, 4 de octubre de 1928, pp, 10-11.

cuado. No esperaba respuesta práctica y la tuve. Un industrial de iniciativa y gusto me ofreció, en condiciones inusitadas en los caseros y arrendatarios de locales posibles para una empresa como la mía, desinteresada de lucro, una sala en sitio céntrico capaz para el número de espectadores conveniente a mi propósito.

Quise contar al punto con la colaboración de mis amigos escritores y artistas. Le pedí a Valle-Inclán, a los Barojas, a 'Azorín', a Gómez de la Serna, a Manuel Azaña, a Isabel Palencia, a Pastora Imperio, que se dignaran ocupar la nueva tribuna de conferencias. Desde luego obtuve además la cooperación de Magda Donato, Esther Azcárate, Natividad Zaro, Carmen de Juan, Regina, Josefina Hernández, Salvador Bartolozzi, Eusebio de Gorbea, Felipe Lluch, Ernesto de Burgos y Antonio Ramón Algorta para constituir un grupo teatral renovador de otros ensayos de grata y reciente memoria en los fastos de la afición madrileña. El fértil ingenio de Magda Donato halló en seguida el signo en que inscribirnos: el 'Caracol'. Y por sobra de muchas otras razones aceptamos al punto semejante anagrama de nuestros propósitos iniciales: 'CARACOL' (Compañía Anónima Renovadora /del/ Arte Cómico Organizada Libremente).

Al margen del grupo teatral otros artistas acreditados en la escena, como el actor González Marín y la bailarina Pilar, me ofrecían su concurso para nuevas experiencias en concierto de poesía y baile. Regino Sainz de la Maza accedía a darnos una lección histórica de vihuelistas antiguos y guitarristas clásicos. Rafael Martínez y Enrique Aroca estaban dispuestos a contribuir magníficamente con su violín y su piano.

'Azorín' aceptó el inaugurar la 'Sala Rex' (Mayor, 8), que así se llama en gracia del apellido del generoso empresario, traducido en latín para más claridad, y por cifrar además en nombre tal nuestro *Repertorio de Experimentos X=infinito*. El próximo día 17 contamos celebrar la primera reunión de sábados por la tarde.[4]

El 24 de noviembre de 1928 El Caracol abría oficialmente sus puertas con una conferencia de Azorín sobre el teatro moderno y la representación del *Prólogo* y dos obras de su trilogía *Lo invisible*: *La arañita en el espejo* y

---

[4] Cipriano de Rivas Cherif, "El mito de la compañía 'Azorín' e historia fabulosa de un cierto 'Caracol' cifrado en 'Rex'", *Heraldo de Madrid*, 5 de noviembre de 1928, p. 5. La crítica acogió la idea con entusiasmo. Véanse S/F, "Información teatral. Acerca de unos ensayos de teatro moderno", *La Voz*, 13 de noviembre de 1928, p. 2; y E. Díez-Canedo, "Información teatral. Propósitos: nueva sala en Madrid", *El Sol*, 14 de noviembre de 1928, p. 3.

Doctor Death de 3 a 5. Completó la velada, tras una breve disertación de Rivas Cherif sobre los objetivos del nuevo grupo, *Un duelo*, de Chejov, en conmemoración del 30 aniversario del Teatro de Arte de Moscú, del que Rivas Cherif se sentía en cierto modo continuador. El segundo espectáculo del grupo fue un concierto de poesía, música y danza titulado *Despedida a Rubén*, en homenaje al poeta nicaragüense, el 6 de diciembre. La confirmación definitiva de los propósitos vanguardistas y renovadores del grupo tuvo lugar el 19 de diciembre, con el estreno de *Orfeo*, de Jean Cocteau, cuyo éxito fue completo y rotundo, por el acierto en la sencilla escenografía de Bartolozzi, la perfección de la puesta en escena y la interpretación, hasta el punto de tener que repetir la obra el día 22, algo inhabitual para el abono de la Sala Rex.[5] En esta frenética carrera de estrenos, nada común en los grupos de aficionados como El Caracol, el 29 de diciembre presentan su cuarto programa, que se inició con una conferencia de Manuel Azaña sobre *"Asclepigenia* y la vida amorosa de don Juan Valera"*, a la que siguió la representación del diálogo filosófico-moral del novelista andaluz. El programa se completó con dos estrenos: *Dúo*, de Paulino Masip y un acto del teatro breve de Benavente, *Si creerás tú que es por mi gusto.*

A los pocos días, el 5 de enero de 1929, la Sala Rex abría sus puertas a un nuevo experimento teatral, insólito y escandaloso: *Un sueño de la razón*, de Rivas Cherif, obra subtitulada originalmente *Un engendro de Lesbos*, "drama único en forma de trío, sobre un tema de Goya. Primera parte de una trilogía satírica".[6] La obra presenta, con un expreso tono satírico contra la sacraliza-

---

[5] Enrique Díez-Canedo, "Información teatral. Sala Rex. 'Orfeo', de Jean Cocteau", *El Sol*, 20 de diciembre de 1928, p. 3; Arturo Mori, "El teatro de arte del 'Caracol'. Estreno de *Orfeo*, de Cocteau", *El Liberal*, 20 de diciembre de 1928, p. 3; Juan G. Olmedilla, "Las tardes de la Sala Rex. Poesía y drama de hoy. Estreno de 'Orfeo', de Cocteau", *Heraldo de Madrid*, 20 de diciembre de 1928, p. 5; M. Fernández Almagro, "Información teatral. Estreno de 'Orfeo', de Jean Cocteau, en la sala Rex", *La Voz*, 20 de diciembre de 1928, p. 2; Luis Calvo, "'Orfeo', en el 'Caracol'", *ABC*, 25 de diciembre de 1928, p. 41; Rosa Chacel, "Cocteau-Orfeo", *Revista de Occidente*, LXVI, diciembre de 1928, pp. 389-392; y E. Estévez Ortega, "Literatura de vanguardia. Jean Cocteau y su 'Orfeo'", *La Esfera*, nº 784, 12 de enero de 1929, p. 19.

[6] *Un sueño de la razón* es la primera parte de una trilogía, *Museo secreto*, que se continúa con *Práxedes en persona* (inédita) y una tercera obra que Rivas Cherif no llegó a escribir, *El pecado originalísimo*. El texto de *Un sueño de la razón*, desaparecido durante mucho tiempo, fue recuperado en 1984 y publicado en *Cipriano de Rivas Cherif. Retrato de una utopía*, Cuadernos *El Público*, nº 42, diciembre de 1989, pp. 61-99, con una nota previa de Enrique de Rivas. La obra ha sido repuesta recientemente, el 21 de diciembre de 1990, en el teatro Juan Bravo de Segovia, por la compañía Ay, Ay, Ay, dirigida por Maite Hernangómez. (Véase Juan Aguilera Sastre, "Reestreno histórico", *El Público*, abril-mayo de 1991, pp. 82-83.)

ción de los tabúes sexuales, a dos mujeres (Livia y Blanca) unidas sentimen-
talmente, decididas a perpetuar su amor homosexual en un hijo común con la
ayuda de un príncipe venido a menos (Maxim), simple instrumento fecundador
al servicio de sus intereses. A pesar de lo escabroso del tema, la crítica desta-
có en el momento del estreno la profundidad del diálogo, tierno, irónico y
sobrio, la perfecta dinámica de ideas, pasiones y sentimientos y la dignidad con
que se afrontaban en escena unos hechos tan distantes de la estricta moralidad
pública del momento. Hasta el punto de que Paulino Masip se atrevió a afirmar:
"Sin duda no se ha hecho nunca en España experiencia teatral tan valiente
como la que el sábado realizó el 'Caracol', con toda felicidad".[7] Valentía que
adquiría pleno significado en la difícil situación histórica que atravesaba España en aquellos momentos, los últimos coletazos de la dictadura de Primo de
Rivera, cuya censura, sin duda, fue sorprendida un poco a contrapié en este
estreno. Pero se previno convenientemente para evitar escándalos semejantes
en la reducida pero resonante Sala Rex, máxime cuando sus responsables en
nada recataban su voluntad provocadora. Buena muestra de la actitud beli-
gerante que les animaba daba el programa de mano de su siguiente estreno, en
el que se incluía esta nota burlesca que tuvo que molestar profundamente a las
ya suficientemente irritadas autoridades primorriveristas:

> Siendo muchas las personas que han solicitado la repetición de *Un
> sueño de la razón*, de C. Rivas Cherif, y no pocas también las protestas
> recibidas en contra, la Dirección Artística ha resuelto dar representa-
> ciones de dicha obra a domicilio, para las cuales se reciben peticiones
> por escrito en la Conserjería de la SALA REX.[8]

Sin advertir peligro aparente alguno, Rivas Cherif anunciaba pun-
tualmente, el 3 de febrero, el sexto espectáculo de su grupo, configurado por
una novedad de Lorca, asiduo espectador en los estrenos de la Sala Rex, *Amor
de don Perlimplín con Belisa en su jardín*, y otra de Enrique Suárez de Deza,

[7] Paulino Masip, "'Caracol' en la Sala Rex. 'Un sueño de la razón', de Cipriano de Rivas
Cherif", *Heraldo de Madrid*, 7 de enero de 1929, p. 5. Véanse también A. Rodríguez de León,
"Información teatral. Caracol. 'Un sueño de la razón', trío de Cipriano Rivas Cherif", *El Sol*,
6 de enero de 1929, p. 3; Arturo Mori, "El teatro de arte de 'El Caracol', Estreno de 'Un sueño
de la razón', mito de Rivas Cherif", *El Liberal*, 6 de enero de 1929, p. 3; y M. Fernández Almagro, "Información teatral. Función en Caracol", *La Voz*, 7 de enero de 1929, p. 2.
[8] Citado por Ian Gibson en *Federico García Lorca. 2. De Nueva York a Fuente Grande.
1929-1936*, Barcelona, Grijalbo, 1987, p. 108.

actor ocasional del grupo, *Las siete y media o Por qué don Fabián cambia constantemente de cocinera*. La representación, prevista para el día 5, se pospuso,
seguramente por necesidades de ultimar detalles en los ensayos, hasta el 6, fecha
en que muere la reina María Cristina. El gobierno decreta luto nacional y sus-
pende todos los espectáculos públicos. Rivas Cherif decidió no demorar la función, dependiente de un abono privado, más que hasta el día siguiente, pero
durante el último ensayo, a puerta cerrada, del día 6 el jefe de policía en persona, general Marzo, irrumpió en el local con la orden inapelable de clausurarlo
y requisó los ejemplares de la obra de Lorca, que permaneció depositada en la
Sección de Pornografía de la Dirección General de Seguridad hasta que en 1933
Pura Maórtua de Ucelay rescató una de las tres copias incautadas. Si el precedente de *Un sueño de la razón* puso sobre aviso a la censura primorriveris-
ta, el anuncio de la "Aleluya erótica" de Lorca fue la gota que colmó su escasa
capacidad permisiva. Un espeso silencio acogió la clausura gubernativa de la
Sala Rex, que ni siquiera fue mencionada en la prensa ni denunciada por sus
responsables, por lo que resulta difícil concretar las razones argüidas por las
autoridades para tan contundente decisión. Aunque Rivas Cherif siempre man-
tuvo que la intempestiva acción policial tuvo su origen en el hecho de no haber
respetado el luto oficial, parece seguro que la censura actuó por motivos más
de fondo, entre los cuales hay que destacar la sospechosa trayectoria del grupo
y el carácter aparentemente escandaloso de la obra lorquiana, cuyo título, además, evocaba resonancias antimonárquicas de grupos anarquistas.[9]

Aunque *Amor de don Perlimplín* no llegó a estrenarse ante un público,
podemos reconstruir con cierta fidelidad los detalles del montaje dirigido por
Rivas Cherif, bajo la atenta mirada de Lorca. El reparto, según un programa
conservado en la Fundación García Lorca, era el siguiente: Eusebio de Gorbea
(don Perlimplín), Regina (Marcolfa), Magda Donato (Belisa), Alba Salgado (la
madre de Belisa) y los niños Luisito y Pastora Peña (los duendes). Los decorados eran obra de Antonio Ramón Algorta y Felipe y Luis Lluch, sobre bocetos y figurines del propio Lorca, autor e intérprete asimismo, detrás de una
cortina que impedía que el público lo viera, de las ilustraciones musicales.

---

[9] Margarita Ucelay ha rastreado con abundante documentación las causas de la clausura
de El Caracol en su Introducción, a *Amor de don Perlimplín con Belisa en su jardín*, Madrid,
Cátedra, 1990, pp. 145-153. Véase también Ian Gibson, *Federico García Lorca. 1. De Fuente
Vaqueros a Nueva York. 1898-1929*, Barcelona, Grijalbo, 1985, pp. 590-592.

Una descripción de E. Estévez Ortega nos permite hacernos una idea precisa de las características de la Sala Rex que había de acoger la representación:

> ¿Cómo es la Sala Rex?, se preguntará mucha gente.
>
> Ya he dicho que es reducida, elegante, limpia... Se entra por un portal amplio, de aspecto lujoso y nuevo. Se pasa a un zaguán alfombrado y se entra en seguida en la sala. El techo es una cristalera; las paredes, de color crema, desnudas, con algún leve adorno, y está alumbrado por dos grandes arañas, en cuyos cristales se quiebra la luz en vívidos reflejos brillantes. En uno de los ángulos está el escenario. Como el teatro Meyer-Hold (*sic*), por ejemplo, también carece de embocadura, de telón, de decoraciones. Sobre la tarima, breve y reducida, actúan los actores. Las paredes está cubiertas por cortinajes de color opaco, a lo Gordon Craig, y realizan los practicables a manera del teatro du Maurais, de Bruselas, por ejemplo. No hay concha.
>
> Y en semicírculo, las sillas donde se sienta el público. No hay palcos, ni preferencias, ni generales.[10]

El montaje, como han recordado José Jiménez Rosado, actor en alguno de los espectáculos del grupo, y su hermana Victoria, era extremadamente sencillo, dados los escasos recursos económicos de El Caracol, con telones ocasionales para los cambios escénicos y, como efecto más destacado, la gran cama del cuadro segundo, excesivamente inclinada, que ocupaba la mayor parte del escenario. El vestuario también era sencillo, convencional y fácilmente asequible.[11] Sin embargo, los decorados, a pesar de los precarios medios disponibles para su elaboración, reproducían acertadamente el tono infantilizado y *naïf* de las indicaciones del texto de Lorca. Felipe Lluch, ayudante en la dirección de Rivas Cherif y autor de buena parte de los decorados –suya fue, por ejemplo, la idea de la cama– nos ha dejado la mejor descripción del ambiente idealizado en que habían de moverse los actores de *Amor de don Perlimplín*:

> Recuerdo las ingenuas decoraciones que, sobre infantiles y graciosos bocetos de Federico, pintamos y construimos para el pequeño escenario de la 'Sala Rex'. Para el primer cuadro –la casa de Perlimplín–

---

[10] E. Estévez Ortega, "Nuevo teatro de arte: La Sala Rex. Debut de 'Azorín' como actor", *Nuevo Mundo*, nº 1820, 7 de diciembre de 1928, s.p.

[11] Margarita Ucelay, *op. cit.*, pp. 142-145.

había unas cortinas de encaje y puntillas hechas con recortes de papel en que sirven dulces, tartas y repostería, y unas sillas de tapicería, color rosa, pintadas y recortadas en papel de embalar. Y había unos cordones que se enroscaban en el aire y terminaban en unas borlas gigantescas, levantadas como campanillas que estuvieran repicando. Y había –recuerdo ahora– una media luna desvaída y un turbio espejo torcido... Todo sobre un fondo de percalina negra, que daba a la escena un aire de misterio primitivo, de lugar sin tiempo ni historia.

El segundo cuadro –la alcoba nupcial– era la cámara gris del teatrillo, cuyos paños recogidos con lazos de percalina verde fingían las cortinas de los cinco balcones –'cinco frías camelias de madrugada'– abiertos a un cielo verde y rosa. La cama era un túmulo pomposo y arbitrario formado por una tabla forrada con percalina rosa, y un baldaquino hecho con dos grandes abanicos de plumas –de esos que salen en las pobres 'Aidas' provincianas– y un manto escarlata con galones de oro.

El tercer cuadro –¿era verde o amarillo?– tenía también encajes, un balcón a un difícil paisaje de primitivo flamenco y un sol imposible y bárbaro. Y para el cuadro del jardín habíamos pintado unos árboles de códice miniado, de los que apenas me acuerdo ya.[12]

El montaje sólo pudo verse de puertas adentro, pues la acción de la censura impidió que el telón llegara a descorrerse ante el público, que hubo de esperar cuatro años más para poder gozar de la exquisitez de la obra lorquiana.

1933. El Club Teatral de Cultura

Durante la República, sin que se lograra ahuyentar el fantasma permanente de la crisis del teatro en España, los nuevos vientos de libertad facilitaron el empeño renovador de numerosos grupos comprometidos con la divulgación y la dignificación de nuestro teatro. Algunos, incluso, contaron con cierto apoyo económico del Estado, como es el caso del Teatro de Misiones Pedagógicas, alentado por Alejandro Casona, La Barraca de Lorca o el Teatro Escuela de Arte, dirigido por Rivas Cherif. Otros, sólo con el espíritu emprendedor de sus alentadores, como el Teatro Proletario del grupo Nosotros, de César Falcón, o el Club Teatral de Cultura.

---

[12] Felipe Lluch Garín, *Impresiones, Junio-Diciembre de 1938* (Diario inédito), Archivo familiar de Felipe Lluch. La anotación corresponde al 1 de septiembre de 1938 y lleva el título de "Recuerdos del 'Caracol'", pp. 48-49.

Pura Maórtua de Ucelay, fundadora años atrás del elitista Lyceum Club, se había decidido en 1932 a organizar, junto con María Martínez Sierra y María Rodrigo, un nuevo club femenino más abierto a las mujeres jóvenes con inquietudes intelectuales, al que se denominó Asociación Femenina de Cultura Cívica. Como responsable de las actividades artísticas de la Asociación, en otoño de 1932 se entrevistó con Lorca a fin de solicitar su autorización y colaboración para una representación de *La zapatera prodigiosa*. El poeta granadino aceptó gustoso el encargo y propuso completar el programa con el estreno de *Amor de don Perlimplín*, si era posible rescatar el texto incautado a El Caracol en 1929. La tenacidad de Pura permitió recuperar una de las copias de la obra a principios de 1933 e inmediatamente comenzaron los ensayos, dirigidos por el autor, en los salones de la Asociación Femenina de Cultura Cívica, cuya sede se hallaba en la Plaza de las Cortes. De este modo daba sus primeros pasos el Club Teatral de Cultura, nombre poco grato a Lorca, que lo rebautizó al cabo de un año con el nombre de su invención, a sugerencia de Santiago Ontañón: Club Teatral Anfistora.[13]

Federico vivía en aquellos momentos una época de intensa dedicación teatral. Poco antes, el 10 de julio de 1932, había iniciado oficialmente su andadura La Barraca en El Burgo de Osma (Soria). También preparaba con mimo un estreno esperado con expectación inusitada, *Bodas de sangre*, que tuvo lugar el 8 de marzo de 1933 en el teatro Beatriz, a cargo de la compañía de Josefina Díaz de Artigas. Y a la vez colaboraba intensamente en el primer espectáculo del Club Teatral de Cultura, cuya labor, con espectáculos reducidos, a lo sumo uno por año, se engarzaba en la mente de Lorca con los propósitos fundamentales de El Caracol: ofrecer un teatro de calidad artística a un público amplio y dar cabida en los escenarios a los autores nuevos de talento, marginados por los teatros comerciales:

—¿Quiere decirnos la misión del Club Teatral de Cultura?
—Hacer arte. Pero arte al alcance de todo el mundo. Vamos principalmente contra esas Sociedades meramente recreativas, donde el baile o la chupinada teatral son la principal razón de existencia. Tanto daño como el teatro en general, este teatro de ahora, ñoño y cursi por un lado, y por otro, grosero y zafio; tanto como este teatro,

---

[13] Margarita Ucelay, *op. cit.*, pp. 159-161. Véase también Ian Gibson, *Federico García Lorca, 2...*, *op. cit.*, pp. 231-233.

repito, originan daño esas agrupaciones que vienen a ser su propia continuación. [...]

Lo importante es que comiencen estos Clubs teatrales a actuar y representen obras que no admiten las Empresas. De otra manera, a la guisa de las Sociedades actuales de aficionados, resulta que el público que acude a ellas vive con varios años de retraso respecto a los espectáculos públicos. Sólo representan obras ya caducadas, fáciles, sin interés alguno. Así ni pueden surgir buenos intérpretes ni menos autores [...] Ese es el camino. Facilitar el acceso a la escena de muchachos de positivo talento, que, por el contacto de codos de unos con otros, por falta de protección de esas mismas Sociedades por lo que sea, se ven imposibilitados de hacerlo.[14]

El mismo día que aparecía esta entrevista, el 5 de abril de 1933, tenía lugar el estreno en el teatro Español, anunciado como "Gran función de gala en honor de Federico García Lorca". El programa se inició con la reposición de la versión de *La zapatera prodigiosa* que Margarita Xirgu, dirigida por Rivas Cherif, había estrenado en el Español el 24 de diciembre de 1930. Se había tratado entonces de recuperar, con una serie de espectáculos de carácter experimental al margen de la temporada oficial del coliseo municipal, el espíritu de El Caracol, y de hecho con este marbete se presentaron espectáculos como *La zapatera* y *El príncipe, la princesa y su destino*, fábula medieval china de Kuli Cheng, y *Un día de octubre*, de Georg Kaiser. En el Club Teatral de Cultura, por deseo expreso de Lorca, se reprodujo exactamente el montaje de 1930, incluso con los mismos trajes y decorados, aunque el texto como ha demostrado Mario Hernández en su edición de la obra, sí había sido ampliado por el autor. Federico colaboró, como entonces, en el papel del Autor del prólogo, y fueron sus protagonistas Pilar Bascarán, Manuel Mangas, Maruja Bascarán, Pilar García, Lola Palatín, Elvira y Herminia Civera, Puri Núñez, Lolita Martí,

---

[14] S/F, "Una interesante iniciativa. El poeta Federico García Lorca habla de los Clubs teatrales", *El Sol*, 5 de abril de 1933, p. 10, recogido en *Obras Completas*, Madrid, Aguilar, 1986 (22ª edición), II, pp. 906-909.

Manuel Núñez de Arenas, al comentar el primer espectáculo del Club Teatral de Cultura, desvelaba la evidente contradicción entre los buenos propósitos de Lorca y la realidad que imponía la carestía de las entradas: "Los precios de las localidades eran como un intento de vulgarización y de educación a banqueros. No es censura, porque comprendo que hay necesariamente muchos gastos, y los actores no van a actuar de sastres del Campillo" ("Información teatral. García Lorca y 'El amor de D. Perlimplín con Belisa en su jardín'", *La Voz*, 6 de abril de 1933, p. 3).

Patrito Rodríguez, Leonor G. Villamarín, Carmen Lejárraga, Luis Higueras, José Luis Jubera, Luis Arroyo y la niña Matilde Hernández.

El estreno de *Amor de don Perlimplín con Belisa en su jardín* se presentó como segunda parte del espectáculo. El reparto era el siguiente: Santiago Ontañón (don Perlimplín), Pilar Bascarán (Belisa), Lola Palatín, que aparecía en el programa bajo el seudónimo de Sra. Domínguez (Marcolfa), Pilar García (la madre de Belisa) y los niños Augusto y Andrés Higueras (los duendes). Los rápidos cambios de escena se solucionaron con intermedios musicales de sonatinas de Domenico Scarlatti, interpretadas al piano por Pura Lago. Los decorados, destacados por la crítica por su adecuación exacta al espíritu de la obra, fueron diseñados por Santiago Ontañón.[15] Las detalladas páginas que Margarita Ucelay dedica a este montaje en su estudio de la obra nos permiten reconstruir fielmente el ambiente creado por el escenógrafo:

> Como decorador alcanzó Ontañón la perfecta adecuación plástica al espíritu que se había deseado para aquella producción. Color y luz en correspondencia estudiada con trajes en equilibrio de armonías, quedaban subrayados melódicamente por las sonatinas de Domenico Scarlatti. Verdes, como pide el texto, eran los telones de la casa de Don Perlimplín, pero en tonos pastel al igual que el resto de los decorados, como si los colores rabiosos de las aleluyas se hubiesen difuminado con el tiempo. Colocada oblicuamente quedó la cama con gran dosel del cuadro segundo ante el fondo de cinco balcones. Pintados en el telón, todos los muebles del comedor. Solucionado magistralmente como espacio también cerrado, el jardín en un muro de arrayán sobre el que asomaban las copas de naranjos y cipreses y que se abría en dos arcos laterales. Situado entre ellos el banco en que moría el protagonista. Enmarcado en un arco de arrayán, quedaba Don Perlimplín escuchando la serenata; en el otro arco, antes de la última estrofa, tenía lugar la espectacular aparición de Belisa, que desde allí cantaba las líneas finales antes de entrar en escena. Y menciono estos detalles con cierto deteni-

---

[15] Juan G. Olmedilla, "Anoche, en el Español. Gran función de gala del Club Teatral de Cultura, en honor del poeta García Lorca", *Heraldo de Madrid*, 6 de abril de 1933, p. 5; A. L., "Los teatros. Español. 'La zapatera prodigiosa' y 'Amor de Don Perlimplín con Belisa en su jardín', de Federico García Lorca", *La Libertad*, 6 de abril de 1933, p. 7; M. Fernández Almagro, "Teatros. Español. Función en honor de Federico García Lorca, organizada por el Club Teatral de Cultura. Reposición de 'La zapatera prodigiosa'. Estreno de 'Amor de don Perlimplín con Belisa en su jardín'", *El Sol*, 6 de abril de 1933, p. 10; y Juan Chabás, "En el Español. Función de gala en honor de García Lorca", *Luz*, 6 de abril de 1933, p. 6.

miento porque la colocación de los personajes explica cómo en este caso los cambios en el texto obedecen a una determinada puesta en escena. No olvidemos, para terminar, que el gran escenario del Teatro Español quedaba achicado con una falsa embocadura pintada de grandes cortinones rojos exageradamente recogidos. Se trataba de conseguir así un espacio escénico reducido, íntimo, apropiado a aquella 'versión de cámara'.

Los trajes fueron responsabilidad de Pura Ucelay y correspondían en intención de color y estilo a los decorados.[16]

El éxito coronó el notable trabajo de este montaje fugaz, flor de un solitario día, en que por fin se presentó ante unos pocos espectadores privilegiados la exquisita obra escrita casi seis años antes.

1938. Guerrillas del Teatro

Las trágicas circunstancias de la guerra civil no impidieron, en ocasiones incluso fomentaron, la aparición de experimentos teatrales de indudable interés. Baste citar, entro otros, grupos como el Teatro Popular, Nueva Escena, el Teatro de Guerra, el Teatro de Arte y Propaganda o las Guerrillas del Teatro. Dependientes del Consejo Nacional del Teatro, las Guerrillas fueron creadas por Decreto de 14 de diciembre de 1937 (*Gaceta* del 23) y a lo largo de 1938 dieron un total de 119 representaciones de "teatro de urgencia", tanto en los frentes como en los centros culturales de Madrid.[17]

En abril de 1938 motivaciones más políticas que artísticas forzaron el fin de la destacada trayectoria del Teatro de Arte y Propaganda, que desde el 10 de septiembre venía desarrollando en la Zarzuela una temporada de enorme interés teatral, alentado por la desbordante energía de María Teresa León, con la colaboración de Felipe Lluch en la dirección escénica. Bajo su estela se había creado también una escuela teatral en la que se formaron jóvenes actores que recorrían los frentes cercanos a Madrid con un repertorio de entremeses, obras cortas de carácter político, danzas folklóricas y canciones

---

[16] Margarita Ucelay, *op. cit.*, pp. 165-166.
[17] Robert Marrast, *El teatre durant la guerra civil espanyola. Assaig d'història i documents*, Barcelona, Publicacions de l'Institut del Teatre, 1978, pp. 97-100; y José Monleón, "*El Mono Azul". Teatro de urgencia y Romancero de la guerra civil*, Madrid, Ayuso, col. Endymión, 1989, pp. 201-209.

revolucionarias. Tras el prematuro fin del Teatro de Arte y Propaganda, María Teresa León se entregó fervorosamente a la dirección de las Guerrillas del Teatro del Ejército del Centro, organizadas por Edmundo Barbero, con sede central en la Alianza de Intelectuales Antifascista (Marqués de Duero, 7). Sus actividades se desarrollaron fundamentalmente en el frente del Centro, pero también visitaron los de Levante, Extremadura y Andalucía.

A finales de agosto de 1938, la Delegación de Propaganda y Prensa y la Alianza de Intelectuales Antifascistas organizaron un amplio curso de conferencias en el salón de actos de la Alianza. La primera tuvo lugar el día 28. Tras unas palabras de Rafael Alberti para explicar el significado y la finalidad del curso, el Delegado de Propaganda y Prensa, Miguel San Andrés, disertó sobre "Los intelectuales adictos al pueblo".[18]

Para el 2 de septiembre, a las siete de la tarde, se anuncia la segunda conferencia, "Homenaje a Federico García Lorca en el segundo aniversario de su muerte", a cargo de Rafael Alberti, "con ilustraciones teatrales y musicales a cargo de las Guerrillas del Teatro".[19] El acto fue retransmitido a toda España por los micrófonos de Unión Radio. La conferencia de Alberti trazó una emocionada semblanza de la vida y obra del amigo desaparecido, asesinado "en su Granada", "el poeta que no tuvo su fin", con quien "se consumó el fusilamiento de la inocencia". Habló de su trato con él, desde los años de la Residencia de Estudiantes, de su poesía, que sobre la tradición del antiguo

---

[18] J. A. Montes, "La cultura y la guerra. Curso de conferencias en Madrid. Rafael Alberti: 'Homenaje a Federico García Lorca'", *Blanco y Negro*, nº 12, 1 de octubre de 1938, p. 10. El curso continuó el 2 (no el 3, como señala Montes) de septiembre, con la conferencia de Alberti; el día 9, el director de los servicios sanitarios del Ejército del Centro, José Estellés Salarich habló de "Los motivos sanitarios en la propaganda de guerra"; el 17, tras una charla de Jesús García Leoz sobre música de cámara, se ofreció un concierto dirigido por el mismo compositor; después se ofrecieron otras, como la del doctor Plácido G. Duarte sobre "Cirugía del dolor", la de José J. Sanchís Zabalza sobre "Conjeturas acerca de la orientación económica española en la postguerra", otra del doctor Francisco Pérez Dueño, "El Arte y la Ciencia en la Cirugía" y la de María Teresa León, "Un teatro para la paz", el 6 de enero de 1939. Sobre las conferencias y otros actos culturales que se ofrecieron, véase también Robert Marrast, *op. cit.*, pp. 96-97.

[19] Puede verse el anuncio en *Ahora*, 2 de septiembre de 1938, p. 4. La confusión existente en torno a los últimos días y el cruel fusilamiento del poeta, ocurrido en la madrugada del 18 de agosto de 1936, hacía que se conmemorara erróneamente la fecha de su muerte. Véase, por ejemplo, Antonio Otero Seco, "Dos años de García Lorca. El crimen fue en Granada", *La Voz*, 29 de agosto de 1938, pp. 1-2; este mismo periódico inserta, en su primera página del 2 de septiembre de 1938, una foto del poeta con el siguiente pie: "Federico García Lorca, nuestro gran poeta. El pueblo español no olvida que hace dos años –el primero de septiembre de 1936– fue asesinado por la barbarie fascista".

romancero, junto a Juan Ramón Jiménez y Antonio Machado, puso otra piedra "rara y fuerte, a la vez sostén y corona de la vieja tradición castellana"; y de su teatro, cuyas obras glosó una a una. Y concluía con estas palabras: "Hoy, García Lorca no sólo se encuentra con el recuerdo de los íntimos, sino con el afecto y la simpatía de toda la España republicana, que tiene fe en el porvenir y entusiasmo en el futuro".[20]

Las ilustraciones musicales y teatrales que siguieron a la conferencia de Alberti constituían, de por sí, todo un espectáculo teatral, que comenzó con la versión cantada, orquestada por Jesús García Leoz, de los romances *Las tres morillas*, *Los mozos de Monleón* y *Los Pelegrinitos*, interpretados por Concha Palacios, Antonio Soto y el coro de las Guerrillas, con una actuación destacada de las guitarristas España y América Martínez. A continuación se representó la escena de la despedida, del primer acto de *Doña Rosita la soltera*, con una magistral interpretación de la joven actriz Manuela Monjiú y José Franco; y la escena del bosque de *Bodas de sangre*, protagonizada por Juanita Cáceres y Edmundo Barbero.

Pero sin duda el plato fuerte de la velada lo constituía la reposición, al cabo de cinco años, de *Amor de don Perlimplín con Belisa en su jardín*. Interpretado en sus principales papeles por María Teresa León, Santiago Ontañón y Soledad Muñoz, la dirección musical corrió a cargo de García Leoz; los decorados, como en el estreno de 1933, fueron realizados por Santiago Ontañón, y María Teresa León se encargó del diseño de los trajes y de la dirección escénica.[21] Un espectador de excepción, Felipe Lluch Garín, el escenógrafo y ayudante de dirección en la versión de El Caracol, colaborador de Rivas Cherif en otros importantes empeños renovadores, como el Teatro Escuela de Arte

---

[20] J. A. Montes, art. cit.; ver también J. A., "Los intelectuales antifascistas. Homenaje a Federico García Lorca", *Claridad*, 3 de septiembre de 1938, p. 3; S/F, "Homenaje a García Lorca. Una conferencia de Rafael Alberti", *Política*, 3 de septiembre de 1938, p. 1; y D., "Conferencia-Homenaje a Federico García Lorca", *El Sol*, 3 de septiembre de 1938, p. 1.

[21] Además de los artículos citados en la nota anterior, véanse A. D. (Antonio Dorta), "Homenaje a Federico García Lorca", *ABC*, 3 de septiembre de 1938, p. 3; S/F, "La Alianza de Intelectuales brindó ayer un homenaje a Federico García Lorca", *Ahora*, 3 de septiembre de 1938, p. 2; S/F, "El arte y la guerra. Homenaje a Federico García Lorca en el segundo aniversario de su asesinato", *La Libertad*, 3 de septiembre de 1938, p. 2; *Laertes*, "El Madrid que 'ellos' no sospechan. Mientras ensayan los obuses de la invasión, las torres de marfil abren sus ventanas al aire que viene de la calle. Ecos de canto y de cante en la alianza de intelectuales antifascistas", *La Voz*, 5 de septiembre de 1938, pp. 1-2; y Rosario del Olmo, "Dos años del fusilamiento de García Lorca", *Mundo Obrero*, 6 de septiembre de 1938, pp. 1-2.

(1934-35), codirector del Teatro de Arte y Propaganda con María Teresa León, miembro activo de las Guerrillas del Teatro y futuro iniciador del Teatro Nacional del Español, en 1940, nos permite reconstruir la puesta en escena de la obra, en la que él, distanciado ya de las actividades inspiradas por María Teresa León, no participó directamente:

> Al llegar esta tarde a la Alianza me ha sorprendido el revuelo de los habituales y sonámbulos contertulios, vagos fantasmas de un muerto pasado de grandezas que hoy intenta resucitar. Las conferencias organizadas por iniciativa de María Teresa León, más locuaz, más risueña, más disparatada que nunca, han galvanizado el cadáver de la casa de los intelectuales.
>
> En la sala de cine se levanta ya un tabladillo improvisado. El telón, como en una revista frívola, o como en un dorado y brillante salón de baile dieciochesco, es de encaje. A ambos lados, unas bellas cortinas listadas de azul ocultan los entrebastidores, rematados por dos espejos con historiados marcos de talla exuberante y dorada.
>
> La escena está formada por unos ricos cortinajes de raso gris, una galera dorada con guardamalleta de ostentosa pasamanería que finge un balcón y un fondo arbitrario (tachado, pero legible, de una fina tela doblada) que con un marco dorado, un visillo blanco y un enorme lazo rosa representa la ventana de la casa frontera; la casa de Belisa, 'blanca como el azúcar', de la desvergonzada y altísima y profunda farsa de Federico García Lorca: 'Amor de don Perlimplín con Belisa en su jardín'.
>
> Los actores-tramoyistas –Ontañón, Barbero, Franco, María Teresa y hasta Miñana– están colocando en escena un delicioso velador vestido todo de encajes y puntillas como una tarta de chantilly, con una cinta rosa, ondulante y florecida en lazos apretados y menudos, y una cama disparatada y absurda; la misma que yo inventé, hace ya casi diez años, para el malogrado estreno de la farsa de Lorca en el teatrillo del 'Caracol'.[22]

En un apunte del día del estreno, daba su opinión sobre la representación:

> Hubo en la representación –desdichada por parte de los intérpretes– dos aciertos magistrales: los trajes de la protagonista, deliciosas y arbitrarias creaciones de María Teresa León, y la escena muda, adivinada

---

[22] Felipe Lluch Garín, *Anotaciones*, *op. cit.*, p. 48. La anotación, fechada el 1 de septiembre de 1938, lleva por título "recuerdos del 'Caracol'".

a través de las cortinas de encaje que formaban el telón, de la fuga de Belisa del lecho conyugal la misma noche de bodas.[23]

El espectáculo, a pesar de la recriminación de Lluch a los actores, fue "una verdadera fiesta de arte", en opinión unánime de la crítica, y concluyó con una exhibición de baile gitano, *El zorongo*. Su éxito fue, dadas las circunstancias, clamoroso, hasta el punto de que las insistentes peticiones de quienes no habían podido acceder al pequeño salón de actos de la Alianza obligaron a repetirlo nuevamente el día 5. Con él se cerraba un ciclo en la breve y azarosa historia de los montajes de esta pequeña gran obra de Federico García Lorca, merecedora, sin duda, de una mayor fortuna escénica de la que hasta hoy ha padecido.

J. A. S. e I. L. V.

---

[23] *Ibid.*, p. 51. Anotación del 2 de septiembre de 1938, bajo el título "Federico García Lorca".

Bibliografía y Notas

Nota: para evitar omisiones involuntarias, y para completar y perfeccionar en lo que sea posible esta bibliografía lorquiana reciente (con fecha de arranque en 1984), repetimos como siempre nuestro ruego cordial a todos los autores de estudios aptos para incluirse aquí, que manden detalles bibliográficos completos a:

Professor Andrew A. Anderson
Department of Romance Languages, University of Michigan
Ann Arbor, MI 48109-1275, Estados Unidos.

I. Obras y ediciones de García Lorca

Antología de la poesía española del siglo XX, edición de Miguel DÍEZ RODRÍGUEZ y María Paz DÍEZ TABOADA, col. Fundamentos, núm. 123, Madrid, Istmo, 1991. [Contiene: «La aurora», «Canción de jinete», «Casida del llanto», «Casida de la mujer tendida», «Cazador», «Malagueña», «Niña ahogada en el pozo», «Romance de la luna, luna», «Romance sonámbulo», «La sangre derramada», «Soneto de la dulce queja», y «Sorpresa».]

Barbarous Nights. Legends and Plays from The Little Theatre, traducción al inglés de Christopher SAWYER-LAUÇANNO, San Francisco, City Lights Books, 1991. [Contiene: de *Poemas en prosa*: «Santa Lucía y San Lázaro», «Degollación del Bautista», «Degollación de los Inocentes», «Suicidio en Alejandría», «Nadadora sumergida. (Pequeño homenaje a un cronista de salones)», «Amantes asesinados por una perdiz (Homenaje a Guy de Maupassant)», «La gallina (Cuento para niños tontos)»; de *Artículos*, «Historia de este gallo»; de *Diálogos*: «El paseo de Buster Keaton», «La doncella, el marinero y el estudiante», «Quimera».]

Bodas de sangre, junto con *A propósito de Federico García Lorca y su obra*, col. Cara y Cruz, Barcelona, Grupo Editorial Norma, 1992.

«"Cara mamma amica e musa"; "Cari genitori"», [dos cartas inéditas, a sus padres y a Benjamín Palencia], edición de Anna RABINO, *La Stampa* (Torino), sección «Società & Cultura», año 126, núm. 147, 31 de mayo de 1992, p. 17.

«[Carta a su familia] Buenos Aires, octubre de 1933», edición de Christopher MAURER, *El País* (Madrid), sección «Babelia», 11 de abril de 1992, p. 5.

«Correspondence Federico García Lorca–Salvador Dalí», introducción y traducción al inglés de Christopher MAURER, *Northwest Review* (Eugene, Oregon), XXX, núm. 1 (1992), pp. 58-64.

Doña Rosita la soltera, o El lenguaje de las flores, edición de Luis MARTÍNEZ CUITIÑO, col. Austral, núm. 197, Espasa-Calpe, 1992.

«[Dos cartas a sus padres] Ateneo de Madrid, 1920; Residencia de Estudiantes, 1921», edición de Christopher MAURER, *El País* (Madrid), sección «Babelia», 11 de abril de 1992, p. 6.

«[Meditaciones a la muerte de la madre de Charlot]», traducción al inglés de Eva LOEWE y Noel COBB, *Sphinx 4* (Londres), pp. 221-225.

«Poem of the Bull», introducción y traducción al inglés de Christopher MAURER, *Northwest Review* (Eugene, Oregon), XXX, núm. 1 (1992), pp. 53-57.

Poeta en Nueva York, junto con *Yerma*, 3ª edición, col. Biblioteca de Bolsillo, Barcelona, Seix Barral, 1991.

The Poetical Works of Federico García Lorca, vol. II: *Collected Poems*, edición bilingüe, traducción al inglés de Francisco ARAGÓN, Catherine BROWN, Will KIRKLAND, William Bryant LOGAN, David K. LOUGHRAN, Christopher MAURER, Jerome ROTHENBERG, Greg SIMON, Alan S. TRUEBLOOD, Elizabeth UMLAS, John K. WALSH y Steven F. WHITE, edición, introducción y notas de Christopher MAURER, New York, Farrar, Strauss & Giroux, 1991.

Yerma, junto con *Poeta en Nueva York*, 3ª edición, col. Biblioteca de Bolsillo, Barcelona, Seix Barral, 1991.

Teatro de títeres y dibujos, con decorados y muñecos de Hermenegildo Lanz, catálogo al cuidado de Mario Hernández, Santander, Universidad Internacional Menéndez Pelayo/ Fundación Federico García Lorca, 1992.

II. Libros sobre la vida y obra de García Lorca

Dru DOUGHERTY y María Francisca VILCHES DE FRUTOS, *Los estrenos teatrales de Federico García Lorca (1920-1945)*, catálogo de la Exposición en el Círculo de Bellas Artes, Madrid, Fundación Federico García Lorca/Tabapress, 1992.

Manuel DURÁN y Francesca COLECCHIA, eds., *Lorca's legacy. Essays on Lorca's Life, Poetry, and Theatre*, American University Studies, Series II: Romance Languages and Literature, vol. 138, New York, Peter Lang, 1991.

Félix GRANDE, *García Lorca y el flamenco*, Madrid, Mondadori, 1992.

Inés MARFUL AMOR, *Lorca y sus dobles. Interpretación psicoanalítica de la obra dramática y dibujística*, Kassel, Reichenberger, 1991.

Rafael MARTÍNEZ NADAL, *Federico García Lorca, Mi penúltimo libro sobre el hombre y el poeta*, Madrid, Editorial Casariego, 1992.

Nicolás MIÑAMBRES SÁNCHEZ, *Valle-Inclán y García Lorca en el teatro del siglo XX*, col. Biblioteca Básica de Literatura, Madrid, Anaya, 1991.

Christian de PAEPE, ed., *Catálogo general de los fondos documentales de la Fundación Federico García Lorca*, vol. I: *Manuscritos de la obra poética de madurez*, con la colaboración de Rosa María ILLÁN DE HARO y Sonia GONZÁLEZ GARCÍA, Madrid, Ministerio de Cultura, Dirección de Archivos Estatales/Fundación Federico García Lorca, 1992.

Sandra Cary ROBERTSON, *Lorca, Alberti, and the Theater of Popular Poetry*, American University Studies, Series II: Romance Languages and Literature, núm. 170, New York, Peter Lang, 1991.

Pedro SALINAS, *Dos cartas a Federico García Lorca*, edición facsímil, Colección Facsímiles, núm. 3, Fuente Vaqueros, Diputación Provincial de Granada–Patronato Cultural Federico García Lorca, 1991.

A.B. TELLO, *F. García Lorca*, Barcelona, Vilmar Ediciones, 1988.

III Tesis doctorales, tesinas y trabajos inéditos

Cecilia J. CAVANAUGH, «Reading Drawings, Reading Poetry: A Study of Correspondences between Federico García Lorca's Visual and Verbal Texts», Ph. D. Dissertation, Chapel Hill, North Carolina, University of North Carolina, 1992.

María Estela HARRETCHE, «Federico García Lorca (1929-1936): hacia una nueva poética dramática», Ph. D. Dissertation, Davis, California, University of California, Davis, 1991. DA9137128

Eva MUÑOZ RAYA, «García Lorca en Italia (cincuenta años después)», Memoria de Licenciatura (inédita), Granada, Universidad de Granada, 1987.

María José SÁNCHEZ-CASCADO Y BLANCO, «El teatro en Madrid en la dictadura de Primo de Rivera (1923-1930)», tesis doctoral, Barcelona, Universidad de Barcelona, 1991. [Contiene un apartado sobre el «Caso García Lorca: Prohibición de *Amor de don Perlimplín con Belisa en su jardín* y la clausura de la Sala Rex (6 de febrero de 1929)», pp. 329-348.]

IV. Artículos biográficos y críticos en revistas y libros

Rafael ALBERTI, «Imagen primera y sucesiva de Federico García Lorca», en *Bodas de sangre*, junto con *A propósito de Federico García Lorca y su obra*, col. Cara y Cruz, Barcelona, Grupo Editorial Norma, 1992, pp. 9-29.

Víctor ALVARADO FLORIÁN, «Apuntes sobre un fragmento del acto tercero de *La casa de Bernarda Alba* de Federico García Lorca», *Ventanal* (Perpignan), núm. 13 (1987), pp. 50-53.

Andrew A. ANDERSON, «Las peripecias de *Poeta en Nueva York*», *Boletín de la Fundación Federico García Lorca* (Madrid), IV, núms. 10-11 (febrero 1992), pp. 97-123.

—, «Bibliografía lorquiana reciente X-XI (1984-1991)», *Boletín de la Fundación Federico García Lorca* (Madrid), IV, núms. 10-11 (febrero de 1992), pp. 237-261.

Jelu AVDJIEV, «La littérature espagnole en Bulgarie: Traductions, enseignement, approches typologiques (Lorca et Vaptzarov)», en *Proceedings of the XIIth Con-*

gress of the International Comparative Literature Association: Munich 1988, vol. IV: *Space an Boundaries of Literature*, edición de Roger BAUER y Douwe FOKKEMA, Munich, Iudicium, 1990, pp. 403-407.

Carlos BAUER, «Cómo traducir a Lorca: algunas ideas sueltas», *Boletín de la Fundación Federico García Lorca* (Madrid), IV, núms. 10-11 (febrero 1992), pp. 41-43.

Rei BERROA con Sarah E. MORGAN, «Poetry and Painting: García Lorca's Dual Manifestation of Symbol and Metaphor», en *Lorca's Life, Poetry, and Theatre*, edición de Manuel DURÁN y Francesca COLECCHIA, American University Studies, Series II: Romance Languages and Literature, vol. 138, New York, Peter Lang, 1991, pp. 31-49.

Suzanne W. BYRD, «García Lorca's Legacy: Live Theatre at the Battle Front», en *Lorca's Legacy. Essays on Lorca's Life, Poetry, and Theatre*, edición de Manuel DURÁN y Francesca COLECCHIA, American University Studies, Series II: Romance Languages and Literature, vol. 138, New York, Peter Lang, 1991, pp. 205-214.

E.A. CAGINSKAJA, «Ispanskaia fol'klornaia simvolika v lirike F. Garsii Lorki v sopostavlenii so slavianskoi», *Vestnik Moskovslogo Unversiteta. Seriia 9, Filologiia* (Moscú), núm. 3 (mayo-junio 1990), pp. 64-70.

María Carla CANTA, «Interpretación del horóscopo de Federico García Lorca», *El País* (Madrid), sección «Babelia», 11 de abril de 1992, p. 9.

Dionisio CAÑAS, «The Poet and the City: Lorca in New York», en *Lorca's Legacy. Essays on Lorca's Life, Poetry, and Theatre*, edición de Manuel DURÁN y Francesca COLECCHIA, American University Studies, Series II: Romance Languages and Literature, vol. 138, New York, Peter Lang, 1991, pp. 159-169.

Cecilia CAVANAUGH, «A Context for Reading of Lorca's Drawings and Poetry», conferencia leída en el Bass Museum, 22 de febrero de 1992. [Copia mecanografiada en el archivo de la Fundación Federico García Lorca.]

Francesca COLECCHIA, «Federico García Lorca: a Selectively Updated Bibliography», en *Lorca's Legacy. Essays on Lorca's Life, Poetry, and Theatre*, edición de Manuel DURÁN y Francesca COLECCHIA, American University Studies, Series II: Romance Languages and Literature, vol. 138, New York, Peter Lang, 1991, pp. 239-264.

Carlo Felice COLUCCI, «Rileggere García Lorca», *Il Ragguaglio Librario: Rassega Mensile Bibliografica Culturale* (Milano), LVI, núm. 3 (marzo 1989), p. 85.

Jacques COMINCIOLI, «L'exaltation du fait poétique», *Théâtre Populaire Romand. Journal*, núm 171 (septiembre 1988), pp. 5-7.

Gustavo CORREA, «Nature and Symbol in the Poetry of Federico García Lorca», en *Lorca's Legacy. Essays on Lorca's Life, Poetry, and Theatre*, edición de Manuel DURÁN y Francesca COLECCHIA, American University Studies, Series II: Romance Languages and Literature, vol. 138, New York, Peter Lang, 1991, pp. 85-94.

Juan CRUZ, «La herencia. La Fundación García Lorca trata de divulgar y preservar el patrimonio del poeta granadino», *El País* (Madrid), sección «Babelia», 11 de abril de 1992, pp. 5-6.

José M. CUESTA ABAD, «Dos dimensiones semióticas del diálogo dramático (Dramaticidad y teatralidad)», *Revista de Literatura* (Madrid), LI, núm. 102 (julio-diciembre 1989), pp. 363-394.

Ronald CUETO, «Lorca's Don Perlimplín. The Paradoxical Apotheosis of a Great Lover», en *Leeds Papers on Hispanic Drama*, edición de Margaret A. REES, Leeds, Trinity and All Saints College, 1991, pp. 93-124.

Francisco Javier DÍEZ DE REVENGA, «Interrelación de elementos líricos y dramáticos en *Yerma* de Federico García Lorca», *Lenguaje y textos* (La Coruña), núm. 1 (1991), pp. 91-92.

—, «Federico García Lorca: poética e historia literaria», en *Poética e historia literaria*, edición de Rogelio REYES CANO y Manuel J. RAMOS ORTEGA, Cádiz, Universidad de Cádiz, 1991.

Moraima DONAHUE, «Lorca: the Man, the Poet, the Dramatist, as Seen Through his Lectures, Letters, and Interviews», en *Lorca's Legacy. Essays on Lorca's Life, Poetry, and Theatre*, edición de Manuel DURÁN y Francesca COLECCHIA, American University Studies, Series II: Romance Languages and Literature, vol. 138, New York, Peter Lang, 1991, pp. 71-81.

Dru DOUGHERTY, «Lorca y las multitudes: Nueva York y la vocación teatral». *Boletín de la Fundación Federico García Lorca* (Madrid), IV, núms. 10-11 (febrero 1992), pp. 75-84.

Gloría DURÁN, «Conversation with Tulio Ossa, Director of United Theatre of the Americas, on *La Casa de Bernarda Alba*», en *Lorca's Legacy. Essays on Lorca's Life, Poetry, and Theatre*, edición de Manuel DURÁN y Francesca COLECCHIA, American University Studies, Series II: Romance Languages and Literature, vol. 138, New York, Peter Lang, 1991, pp. 187-193.

Aurora EGIDO, "Lorca, de nuevo en Santander", *Teatro de títeres y dibujos, con decorados y muñecos de Hermenegildo Lanz*, (Cit. Bib. I). pp. 9-10.

Daniel EISENBERG, «Unanswered Questions About Lorca's Death», *Angélica. Revista de Literatura* (Lucena), núm. 1 (1991), pp. 93-107.

—, «Lorca and Censorship: the Gay Artist Made Heterosexual», *Angélica. Revista de Literatura* (Lucena), núm. 2 (1991), pp. 121-145.

Luis FERNÁNDEZ-CIFUENTES, «Lorca en Nueva York: arquitecturas para un poeta», *Boletín de la Fundación Federico García Lorca* (Madrid), IV, núms. 10-11 (febrero 1992), pp. 125-135.

M. TERESA FÉRRIZ, «Ejemplaridad y tradición inmediata. (A. Machado y F. García Lorca en el exilio español de 1939)», *Scriptura* (Lérida), núms. 6-7 (1991), pp. 189-196.

Isabel GARCÍA LORCA, "Recuerdos", *Teatro de títeres y dibujos, con decorados y muñecos de Hermenegildo Lanz*, (Cit. Bib. I). pp. 11-12.

Mario HERNÁNDEZ, "Retablo de maravillas: Falla Lorca y Lanz en una fiesta granadina de títeres", *Teatro de títeres y dibujos, con decorados y muñecos de Hermenegildo Lanz*, (Cit. Bib. I). pp. 33-52.

Luis GARCÍA MONTERO, «La actualidad de un poeta», *El País* (Madrid), sección «Babelia», 11 de abril de 1992, pp. 7-8.

Miguel GARCÍA-POSADA, «El homenaje neoyorquino de Lorca a Rubén Darío», *Boletín de la Fundación Federico García Lorca* (Madrid), IV, núms. 10-11 (febrero 1992), pp. 139-145.

Elena GASCÓN VERA, «Stories of Madness: The Feminine in *Poet in New York*», *Lorca's Legacy. Essays on Lorca's Life, Poetry, and Theatre*, edición de Manuel DURÁN y Francesca COLECCHIA, American University Studies, Series II: Romance Languages and Literature, vol. 138, New York, Peter Lang, 1991, pp. 171-185.

Rosalía GÓMEZ, «Doña Rosita la soltera, de Federico García Lorca, por el CAT. Con Lorca por bandera», *El Público* (Madrid), núm. 87 (noviembre-diciembre 1991), pp. 58-60.

Françoise GONZÁLEZ-ROUSSEAUX, «Le *Romancero gitano* dans l'oeuvre de Lorca», *Revue Générale* (Hamme-Mille), núm. 10 (octubre 1990), pp. 53-60.

Sumner M. GREENFIELD, «El poeta de vuelta en España: lo neoyorquino en el teatro de Lorca, 1933-36», *Boletín de la Fundación Federico García Lorca* (Madrid), IV, núms. 10-11 (febrero 1992), pp. 85-93.

Mel GUSSOW, «Tragedia de sangre, deseo y muerte, por García Lorca», *The New York Times*, 5 de mayo de 1992.

Javier HERRERO, «The Father Against the Son: Lorca's Christian Vision», *Lorca's Legacy. Essays on Lorca's Life, Poetry, and Theatre*, edición de Manuel DURÁN y Francesca COLECCHIA, American University Studies, Series II: Romance Languages and Literature, vol. 138, New York, Peter Lang, 1991, pp. 1-20.

Virginia HIGGINBOTHAM, «Lorca's *Así que pasen cinco años*: a Literary Version of *Un chien andalou*», *Lorca's Legacy. Essays on Lorca's Life, Poetry, and Theatre*, edición de Manuel DURÁN y Francesca COLECCHIA, American University Studies, Series II: Romance Languages and Literature, vol. 138, New York, Peter Lang, 1991, pp. 195-204.

Edward HIRSCH, «Learning from Lorca», *Northwest Review* (Eugene, Oregon), XXX, núm. 1 (1192), 48-52; en versión española, «Aprendiendo de Lorca», *Boletín de la Fundación Federico García Lorca* (Madrid), IV, núms. 10-11 (febrero 1992), pp. 47-51.

Edwin HONIG, «Traducción y transfiguración: apartes sobre *Poeta en Nueva York*», *Boletín de la Fundación Federico García Lorca* (Madrid), IV, núms. 10-11 (febrero 1992), pp. 19-22.

Arturo JIMÉNEZ-VERA, «The Role of Spanish Society in *Yerma*», *Lorca's Legacy. Essays on Lorca's Life, Poetry, and Theatre*, edición de Manuel DURÁN y Francesca COLECCHIA, American University Studies, Series II: Romance Languages and Literature, vol. 138, New York, Peter Lang, 1991, pp. 147-156.

Allen JOSEPHS, «*Don Perlimplín*: Lorca's amante-para-la-muerte», *Lorca's Legacy. Essays on Lorca's Life, Poetry, and Theatre*, edición de Manuel DURÁN y Francesca COLECCHIA, American University Studies, Series II: Romance Languages and Literature, vol. 138, New York, Peter Lang, 1991, pp. 95-102.

Bettina L. KNAPP, «García Lorca's *Yerma*: a Woman's Mystery», *Lorca's Legacy. Essays on Lorca's Life, Poetry, and Theatre*, edición de Manuel DURÁN y Francesca COLECCHIA, American University Studies, Series II: Romance Languages and Literature, vol. 138, New York, Peter Lang, 1991, pp. 135-146.

Marie LAFFRANQUE, «"Je voulais être moi" (F.G.L.)», *Théâtre Populaire Romand. Journal*, núm. 171 (septiembre 1988), pp. 12-17.

Philipe LEVINE, «The Poet in New York in Detroit», *Northwest Review* (Eugene, Oregon), XXX, núm. 1 (1992), pp. 39-44; en versión española, «*Poeta en Nueva York* en Detroit», *Boletín de la Fundación Federico García Lorca* (Madrid), IV, núms. 10-11 (febrero 1992), pp. 53-58.

Robert LIMA, «Towards the Dionysiac: Pagan Elements and Rites in *Yerma*», *Lorca's Legacy. Essays on Lorca's Life, Poetry, and Theatre*, edición de Manuel DURÁN y Francesca COLECCHIA, American University Studies, Series II: Romance Languages and Literature, vol. 138, New York, Peter Lang, 1991, pp. 115-133.

William LOGAN, «El amigo de lo inefable», *Boletín de la Fundación Federico García Lorca* (Madrid), IV, núms. 10-11 (febrero 1992), pp. 23-25.

César LÓPEZ HERA, «Un pombiano en Santander: José de Ciria y Escalante», *Cuadernos para Investigación de la Literatura Hispánica* (Madrid), núm. 14 (1991), pp. 241-256.

Patricia MCDERMOTT, «Death as a Way of Life. Lorca's Dramatic Subversion of Orthodoxy», *Leeds Papers on Hispanic Drama*, edición de Margaret A. REES, Leeds, Trinity and All Saints College, 1991, pp. 125-152.

Charles MARCILLY, «Le métaphore, ressort plastique essentiel de l'écriture poétique lorquienne», *Théâtre Populaire Romand. Journal*, núm. 171 (septiembre 1988), pp. 9-11.

Bárbara MARCINEK, «*La zapatera prodigiosa* de Federico García Lorca en los teatros polacos (1945-1978)», *Actas del Simposio de Hispanistas Polacos*, Jagiellonskiego, Universidad de Jagiellonskiego, 1988, pp. 119-127.

Rafael MARTÍNEZ NADAL, «Time and Dream in the Work of García Lorca», *Temenos* (Londres), núm. 12 (1991), pp. 149-160.

Christopher MAURER, «Bach and *Bodas de sangre*», *Lorca's Legacy. Essays on Lorca's Life, Poetry, and Theatre*, edición de Manuel DURÁN y Francesca COLECCHIA, American University Studies, Series II: Romance Languages and Literature, vol. 138, New York, Peter Lang, 1991, pp. 103-114.

—, «Traduciendo a García Lorca», *Boletín de la Fundación Federico García Lorca* (Madrid), IV, núms. 10-11 (febrero 1992), pp. 15-17.

—, «"Hombre todo alma"», *El País* (Madrid), sección «Babelia», 11 de abril de 1992, p. 4.

Piero MENARINI, «La danza de la muerte en *Poeta en Nueva York*», *Boletín de la Fundación Federico García Lorca* (Madrid), IV, núms. 10-11 (febrero 1992), pp. 147-163.

Josée MOREAU, «Lorca, un coeur andalou», *Ulysse* (París), núm. 21 (noviembre-diciembre 1991).

Eva MUÑOZ RAYA, «García Lorca y el Segundo Novecento», *Revista de Estudios Superiores a Distancia (Universidad Abierta)* (Centro Provincial asociado de la UNED «Lorenzo Luzuriaga», Valdepeñas), núm. 11 (1990), pp. 139-147.

Thomas NOEL, «*Bernarda Alba* Acting Stylish», *The San Juan Star* (San Juan, Puerto Rico), 10 de febrero de 1992, p. 19.

Elkin OBREGÓN, «Minucias sobre el autor y la obra», en *Bodas de sangre*, junto con *A propósito de Federico García Lorca y su obra*, col. Cara y Cruz, Barcelona, Grupo Editorial Norma, 1992, pp. 29-46.

Francesco PESCE, «La personalidad del poeta en su escritura», *El País* (Madrid), sección «Babelia», 11 de abril de 1992, p. 8.

Alice POLLIN, «Walt Whitman y García Lorca: corrientes literarias y traducciones», *Boletín de la Fundación Federico García Lorca* (Madrid), IV, núms. 10-11 (febrero 1992), pp. 181-190.

Anna RABINO, «In anteprima, le lettere inedite del grande poeta che stanno per essere pubblicate in Spagna», *La Stampa* (Torino), sección «Società & Cultura», año 126, núm. 147, 31 de mayo de 1992, p. 17.

Antonina RODRIGO, «La Huerta de San Vicente, último hogar de Federico García Lorca», *Historia y Vida* (Barcelona), núm. 281 (1991), pp. 52-62.

Jerome ROTHENBERG, «Algunas palabras por y para García Lorca en el quincuagésimo aniversario de *Poeta en Nueva York*», *Boletín de la Fundación Federico García Lorca* (Madrid), IV, núms. 10-11 (febrero 1992), pp. 59-61.

K.M. SIBBALD, «Catoblepas and Putrefactos in Antofagasta, or Lorca and a Case of "Serio Ludere"», *Lorca's Legacy. Essays on Lorca's Life, Poetry, and Theatre*, edición de Manuel DURÁN y Francesca COLECCHIA, American University Studies, Series II: Romance Languages and Literature, vol. 138, New York, Peter Lang, 1991, pp. 51-69.

Greg SIMON, «Translating Lorca: Two Words», *Northwest Review* (Eugene, Oregon), XXX, núm. 1 (1192), 45-47; en versión española, «Sobre dos palabras: "norma" y "hueco"», *Boletín de la Fundación Federico García Lorca* (Madrid), IV, núms. 10-11 (febrero 1992), pp. 27-29.

Andrés SORIA OLMEDO, «Federico García Lorca y el arte», *Revista Hispánica Moderna* (Nueva York), nueva época, XLIV, núm. 1 (junio 1991), pp. 59-72.

C. Christopher SOUFAS, «Dialectics of Vision: Pictorial *vs.* Photographic Representation in Lorca's *La casa de Bernarda Alba*», *Ojáncano* (Atlanta, Ga), núm. 5 (abril 1991), pp. 52-66.

Leslie STAINTON, «"¡Oh Babilonia! ¡Oh Cartago! ¡Oh Nueva York!": El europeo ante Manhattan, Manhattan ante el europeo, 1917-1932», *Boletín de la Fundación Federico García Lorca* (Madrid), IV, núms. 10-11 (febrero 1992), pp. 191-212.

Bárbara STAWICKA-MUÑOZ, «Algunas referencias musicales en el *Poema del cante jondo* o un Bárbaro en el jardín perdido...» en *Actas del Simposio de Hispanistas Polacos*, Jagiellonskiego, Universidad de Jagiellonskiego, 1988, pp. 109-118.

Alan S. TRUEBLOOD, «Reflexiones críticas del traductor (dos poemas de *Canciones*)», *Boletín de la Fundación Federico García Lorca* (Madrid), IV, núms. 10-11 (febrero 1992), pp. 31-35.

Mary S. VÁZQUEZ, «Prisioners and Refugees: Language of Violence in *The House of Bernarda Alba* and *During the Reign of the Queen of Persia*», en *Women and Violence in Literature: an Essay Collection*, edición de Katherine Anne ACKLEY, New York, Garland, 1990, pp. 221-236.

Oswaldo VOYSEST, «Matices cubistas en un poema de *Canciones* de Federico García Lorca», *Lucero* (¿?), núm. 1 (primavera 1990), pp. 28-32.

Barry E. WEINGARTEN, «La estética de la farsa violenta lorquiana y el esperpento valleinclanesco», *Hispanic Journal* (Indiana, Pa), XII, núm. 1 (primavera 1991), pp. 47-57.

Steven WHITE, «Miseria y esplendor en la traducción de *Poeta en Nueva York*», *Boletín de la Fundación Federico García Lorca* (Madrid), IV, núms. 10-11 (febrero 1992), pp. 37-39.

Javier YAGÜE BOSCH, «Huir de Nueva York: Whitman y Lorca en un dibujo», *Boletín de la Fundación Federico García Lorca* (Madrid), IV, núms. 10-11 (febrero 1992), pp. 213-233.

Howard T. YOUNG, «Lorca and the Afflicted Monk», *Lorca's Legacy. Essays on Lorca's Life, Poetry, and Theatre*, edición de Manuel DURÁN y Francesca COLECCHIA, American University Studies, Series II: Romance Languages and Literature, vol. 138, New York, Peter Lang, 1991, pp. 21-29.

—, «Sombras fluviales: *Poeta en Nueva York* y *The Waste Land*», *Boletín de la Fundación Federico García Lorca* (Madrid), IV, núms. 10-11 (febrero 1992), pp. 165-177.

J.W. ZDENEK, «Homenaje al teatro de García Lorca en España, otoño de 1986». *Estreno* (Cincinnati), XV, núm. 1 (primavera 1989), pp. 7-8, 12.

V. Reseñas

Cedric BUSETTE, «Luis Fernández Cifuentes, *García Lorca en el teatro: la norma y la diferencia*, Zaragoza, Universidad de Zaragoza, 1986», *Hispania* (EE.UU.), LXXIII (1990), pp. 661-662.

Jaume PONT, «La heterodoxia religiosa de Federico García Lorca. (Análisis y proyección de la obra juvenil inédita)», *Scriptura* (Lérida), núm. 4 (1988), pp. 113-120.

BOLETIN DE LA FUNDACION ARCHIVO MANUEL DE FALLA

AÑO 2 Nº 2 NOVIEMBRE 1992

FEDERICO SOPEÑA Y MANUEL DE FALLA
"Manuel de Falla en América". Arriba, 14 de octubre de 1939.
Federico sopeña y Manuel de Falla.
Bibliografía en torno a Falla.

REYNALDO FERNANDEZ MANZANO
Angel Barrios y la mítica taberna del Polinario.
Michael Christoforidis
Manuel de Falla y Grecia.

KEN MURRAY
Los Homenajes para orquesta de Manuel de Falla.

MUSICA RESCATADA, por Antonio Gallego.
Manuscritos de las Siete Canciones Populares Españolas.

DOCUMENTOS EN EL ARCHIVO
En el estreno de Atlántida.
Guillermo Díaz Plaja, "L'Atlantida de Verdaguer-Falla". La Vanguardia, 24 de noviembre 1961.
Xavier Monsalvatge, "Anticipo de Atlántida". La Vanguardia, 24 de noviembre 1961.
Gerardo Diego, "Poesía de Atlántida". ABC, 29 de noviembre de 1962.

BIBLIOGRAFIA

DISCOGRAFIA

NOTICIAS DE LA FUNDACION

Archivo Manuel de Falla - Paseo de los Mártires, s/n 18009 Granada
Tel: 958/22 83 18 - 22 84 63 Fax: 22 41 19

NOTAS DE LA FUNDACIÓN

¶ En la sede del Archivo Histórico Nacional y con la presencia de Margarita Vázquez de Parga, Directora de los Archivos Estatales y del Prof. Christian De Paepe, se presentó el día 30 de enero de este año el tomo primero del *Catálogo general de los fondos documentales de la Fundación Federico García Lorca*, editado por el Prof. De Paepe, que recoge los manuscritos de la obra poética de madurez, posteriores a 1920, de Federico García Lorca.

¶ Con el apoyo de TABACALERA, S.A. nuestra Fundación ha montado una exposición titulada LOS ESTRENOS TEATRALES DE FEDERICO GARCÍA LORCA. Se exponen carteles, figurines, bocetos de decorados, cartas, trajes, fotografías y otro material para documentar los estrenos de las obras de García Lorca llevados a cabo durante su vida y del póstumo de *La casa de Bernarda Alba*. Gran parte del material expuesto es propiedad de la Fundación, pero además han prestado objetos: el Institut del Teatre de Barcelona, La Fundación Juan March, la Casa Museo Federico García Lorca de Fuente Vaqueros, El Museo Casa de los Tiros, las hijas de Sigfrido Burman y María Fernanda Thomás de Carranza, viuda de José Caballero.

La exposición se inauguró el 15 de enero en el Círculo de Bellas Artes de Madrid. Ha estado después en la Universidad de Alcalá de Henares, en el Centro de Exposiciones Plaza de San Jorge de Cáceres y en el Patio de Cristales de la Diputación de Almería.

El 18 de septiembre se inauguró en el Centro Pallarés de la Diputación de León y pasará después a ser expuesta en las Salas Capitulares del Ayuntamiento de Córdoba del 30 de octubre al 10 de diciembre de este año.

¶ La exposición de dibujos terminó su larga itinerancia estadounidense en el Bass Museum de Miami, donde el día 22 de febrero se celebró un simposium titulado "Federico García Lorca el humanista" en el que presentaron ponencias: Cecilia Cavanaugh, Carol Damian, Daniel Eisenberg y Javier Herrero.

¶ Del 29 de julio al 10 de septiembre en el Pabellón Municipal de la Magdalena, en Santander, como primer fruto de un convenio suscrito entre la

Universidad Internacional Menéndez Pelayo y la Fundación, se realizó una exposición con el título "Federico García Lorca. Teatro de títeres y dibujos, con decorados y muñecos de Hermenegildo Lanz." Los materiales que han nutrido esta exposición, además de los dibujos mencionados anteriormente, son los que subsisten de la fiesta de títeres de 1923 en la que intervinieron Falla, Lorca y Lanz, y proceden de los fondos de la propia Fundación y de la generosa colaboración del Ayuntamiento de Granada, del Archivo Manuel de Falla y de Enrique Lanz Durán.

Para el acto inaugural pronunció una conferencia en el paraninfo de la Universidad Mario Hernández, comisario de la exposición, ésta fue luego abierta por el rector, Ernest Lluch, y el secretario de la Fundación, Manuel Fernández-Montesinos, quienes se dirigieron al numeroso público en el recinto del Pabellón Municipal.

¶ Con la ayuda del C.S.I.C., de la Sociedad de Autores, del Ayuntamiento de Madrid y de la Comunidad Autónoma de Madrid, tuvo lugar del 2 al 6 de febrero un seminario dirigido por la Dra. María Francisca Vilches y el Prof. Dru Dougherty con el título "El teatro en España entre la tradición y la vanguardia (1918-1939)".

La actas del seminario han sido co-editadas por el C.S.I.C., Tabapress y la Fundación Federico García Lorca con apoyo de TABACALERA, S.A.

¶ El 4 de junio, víspera del aniversario del nacimiento de García Lorca, la Universidad de Granada celebró un homenaje al poeta coincidiendo con la clausura del año académico y de la exposición "Granada ante el 92: Un proyecto cultural". El homenaje, en el que participaron varios poetas granadinos y el ruso Evtuchenko, tuvo lugar en uno de los patios del Hospital Real.

¶ El seis de junio, con la presencia del Alcalde de Pinos Puente y el Secretario de la Fundación, se colocó una placa en la casa de la familia García Lorca en Valderrubio. Allí pasó Federico largas temporadas estivales del año 1909 a 1924.

¶ La Universidad de Granada ha creado una Cátedra Federico García Lorca, bajo la idrección del catedrático de aquella Universidad, Andrés Soria Olmedo, que tuvo su presentación pública los días 29 y 30 de octubre, en la Facul-

tad de Filosofía y Letras de Granada. Intervinieron el primer día Manuel Sáenz
Lorite, vicerrector de Extensión Universitaria, Cándida Martínez, Decana de la
Facultad de Filosofía y Letras, Andrés Soria Olmedo y Manuel Fernández-
Montesinos, secretario de la fundación FGL. José Carlos Mainer, de la Univer-
sidad de Zaragoza, dictó luego la conferencia "La Edad de Plata de la cultura
española". Intervino al día siguiente Mario Hernández, de la Universidad
Autónoma de Madrid, que habló sobre "Juego y juegos en la poesía de Federico
García Lorca". Como sugieren estas dos primeras conferencias, la cátedra
recién fundada pretende, entre otros fines, crear un marco de debate intelectual
sobre la figura del poeta y sobre toda una etapa de nuestra cultura.

ACTIVIDADES DE LA CASA-MUSEO FEDERICO GARCÍA LORCA EN FUENTE VAQUEROS

¶ Del 15 de marzo al 15 de abril se montó en colaboración con La Casona de Tudanca (Casa Museo José María de Cossío), una exposición sobre el
Llanto por Ignacio Sánchez Mejías con manuscritos, ediciones, discos, foto-
gramas y carteles.

¶ Como es ya costumbre, el cinco de junio se celebró el cumpleaños de
Federico García Lorca. Este año el habitual hermanamiento se hizo con "La
Barraca". Asistieron algunos de los antiguos miembros del grupo teatral universitario: Carmen Galán, María del Carmen García Lasgoity, Miguel González Quijano, José Obradors del Amo, Arturo Ruíz Castillo, Luis Sáenz de la
Calzada y María Fernanda Thomás de Carranza, viuda de José Caballero.
Después de una rueda de prensa en el patio de la casa, se inauguró en
el granero una exposición sobre "La Barraca" con documentos propiedad de
la misma Casa Museo y de la Fundación Federico García Lorca.
Algo más tarde se inauguró una nueva calle a la que se le ha puesto el
nombre de "La Barraca" y finalmente tuvo lugar un acto público en el paseo del
pueblo en el que intervinieron: D. José Olea Varón, Presidente de la Diputación de Granada; D. Francisco Martín, Alcalde de Fuente Vaqueros; D. Manuel
Fernández-Montesinos, Secretario de la Fundación Federico García Lorca y
D.Luis Sáenz de la Calzada y D. Miguel González Quijano en nombre de los
miembros de "La Barraca".

¶ En la mañana del 30 de octubre tuvo lugar, en la Casa-Museo Federico García Lorca, de Fuente Vaqueros (Granada), la presentación del *Retablillo de don Cristóbal y doña Rosita*, en su versión inédita de Buenos Aires, 1934. La presentación, ante un reducido grupo de poetas granadinos y medios de prensa y televisión, corrió a cargo de Juan de Loxa, director de la Casa-Museo, Manuel Fernández-Montesinos, secretario de la Fundación FGL, y Mario Hernández, editor de esta primera versión del *Retablillo*, cuyo manuscrito fue adquirido por la Diputación de Granada a fines de 1984.

El volumen ofrece el facsímil y transcripción de la pieza de títeres, un apógrafo complementario del papel de doña Rosita, destinado a la actriz Cándida Losada, una entrevista y dos alocuciones olvidadas, más un breve álbum de fotografías y otros documentos inéditos de la época.

NUEVAS ADQUISICIONES PARA LA BIBLIOTECA

(Todos los títulos registrados en la *Bibliografía Lorquiana reciente* bajo el epígrafe *Obras de Federico García Lorca* también han sido adquiridos para la biblioteca de la Fundación.)

Louis ARAGON, *Le fou d'Elsa. Poème*, París: Gallimard,1963. (Donación de D. José Miguel Castillo Higueras.)

Juan BARGALLÓ CARRETÉ y Francisco GARCÍA TORTOSA, editores, *Samuel Becket: palabra y silencio*, Sevilla: Centro Andaluz de Teatro, 1990 (Colección Teatral, núm.3. (Donación de los editores.)

María del Carmen BOBES NAVES, *El diálogo. Estudio pragmático, lingüístico y literario*, Madrid: Editorial Gredos, 1992. (Biblioteca Románica Hispánica, núm. 375.) (Donación de la autora.)

Gabriel CELAYA, *Gaviota. Antología esencial*, selección y estudio de Feliz MARAÑA, Madrid: Repsol Exploración, 3ª. ed. 1991. (Donación del antólogo.)

Cervantes: 1976-1990. Premios Cervantes. Discursos, Coordinación: Jesús CAÑETE OCHOA, Fernando FERNÁNDEZ LANZA y Marisol de SANTIAGO, Madrid: Quinto Centenario/Universidad de Alcalá de Henares, 1992. (Donación de la Universidad de Alcalá de Henares.)

Enrique DÍEZ-CANEDO, *El desterrado, poemas*, editado por Rafael INGLADA, Málaga, Junta de Andalucía, 1991. (El Manatí Dorado, 5.) (Donación del editor.)

Erzsébet DOBOS, *Motivos de la poesía tradicional española en la obra poética de Federico García Lorca: Comparación sobre la base de la Antología de la poesía española. Lírica tradicional y de Poema del cante jondo de Federico García Lorca*, tesis doctoral mecanografiada, Budapest: 1975. (Donación de la autora.)

En el cuerpo del lenguaje: 14 poemas de Emilio Prados, selección y prólogo de Francisco CHICA, Málaga: Newman/Poesía, 1991. (Donación del antólogo.)

Epistolario del 27. Cartas inéditas de Jorge Guillén, Luis Cernuda, Emilio Prados, ed. de José Luis CANO, Madrid: Versal Travesías, 1992.

Joaquín de ENTRAMBASAGUAS, "Oda a Federico GarcíaLorca", *Hojas Literarias*, Suplemento I, Julio-Diciembre. 1949.

Paola IANNELI, *Testo e spettacolo nel teatro di Federico García Lorca*, Tesi di laurea, Universitá Degli Studi di Napoli. (Donación de la doctoranda.)

Juan Ramón JIMÉNEZ, *Cartas: Antología*, ed. de Francisco GARFIAS, Madrid: Espasa Calpe, 1992 (Colección Austral, núm. 251.) (Donación del editor.)

Federico GARCÍA LORCA, *Cante jondo. Dix poémes ornés de lithographies*, ilus. y traducción al francés de Paul Soler, [s.l.], 1952. (Tirada numerada de 90 ejemplares, es el ejemplar 38.)

José GORDON, *Teatro experimental español (Antología e historia)*, Madrid: Escelicer, 1965.

Granada ante el 92: Un proyecto Cultural, Catálogo de la exposición "El arte en Granada de 1950 1992", Granada: Universidad de Granada, 1992. (Donación del editor.)

Félix GRANDE, *García Lorca y el flamenco*, Madrid: Mondadori, 1992. (Donación del editor.)

Derek HARRIS, *García Lorca: Poeta en Nueva York*, Londres: Tamesis Books, 1978 (Critical Guides to Spanish Texts, núm. 24). (Donación del autor.)

Eduardo HUERTAS VÁZQUEZ, *La política cultural de la segunda República española*, prólogo de Enrique TIERNO GALVÁN, Madrid: Ministerio de Cultura, 1988. (Donación del autor.)

Inés MARFUL AMOR, *Lorca y sus dobles. Interpretación psicoanalítica de la obra dramática y dibujística*, Kassel: Edition Reichenberger, 1991. (Donación de la autora.)

Els Marges. Revista de Llengua i Literatura (Barcelona), núm. 2, Septiembre de 1974 (Contiene: Albert MANENT, "Federico García Lorca i Catalunya", pp. 98-104.)

Rafael MARTÍNEZ NADAL, *Federico García Lorca. Mi penúltimo libro sobre el hombre y el poeta*, Madrid: Editorial Casariego, 1992. (Donación del editor.)

César Antonio MOLINA, *El fin de Finisterre. Viaje a costa da Morte*, fotografías de Xurxo LOBATO, La Coruña: Excma. Diputación Provincial de la Coruña, 1991. (Donación del editor.)

Salvatore J. POETA, *La elegía funeral en memoria de Federico García Lorca (Introducción al género y antología)*, Madrid, Editorial Playor, 1990 (Nova-Scholar).

Poética e historia literaria: Bécquer, Antonio Machado, Juan Ramón Jiménez, F. García Lorca, Rafael Alberti, ed de Rogelio REYES CANO y Manuel J. Ramos Ortega, Cádiz: Universidad de Cádiz, 1991.

Emilio PRADOS, *Poesía extrema. Antología*, edición, introducción y selección de Fracisco CHICA, Sevilla: Editoriales Andaluzas Unidas, 1991 (Biblioteca de la Cultura Andaluza, nº 86). (Donación del editor.)

Premios Cervantes [Retratos] (Catálogo de la exposición), Madrid: Universidad de Alcalá de Henares, 1992. (Donación del editor.)

Francis REID, *Administración teatral*, traducción de Jesús CASADO y Rafael PORTILLO, Sevilla: Centro Andaluz de Teatro, 1990 (Colección Teatral, núm. 1). (Donación de los editores.)

Sandra Cary ROBERTSON, *Lorca, Alberti, and the Theater of Popular Poetry*, New York: Peter Lang, 1992 (American University Studies, Series II, Romance Languages and Literature, vol. 170. (Donación de la autora.)

José SÁNCHEZ ARJONA, *El teatro en Sevilla en los siglos XVI y XVII*, Sevilla: Centro Andaluz de Teatro, 1990 (Colección Teatral, núm. 2.) (Donación de los editores.)

José Luis SÁNCHEZ MATAS, *El festival de teatro clásico de Mérida*, il. de Javier FERNÁNDEZ DE MOLINA, Mérida: Editora Regional de Extremadura/Patronato del Festival de Teatro Clásico de Mérida, 1991. (Donación del Centro de Exposiciones Plaza de San Jorge, Cáceres.)

Barbara THIEL-CRAMÉR, Flamenco. *The art of flamenco, its history and development until our days*, ilus., trad. al inglés del original sueco, Lidingö: Remark AB, 1991. (Donación de la autora.)

Barbara THIEL-CRAMÉR, *Flamenco. Su historia y evolución hasta nuestros días*, ilus., trad. al castellano de Ernesto DETHOREI del original sueco, Lidingö: Remark AB, 1991. (Donación de la autora.)

Francisco UMBRAL, *Del 98 a Don Juan Carlos*, Barcelona: Planeta, 1992 (Espejo de España, núm 151). (Donación de los editores.)

Emilio VALDIVIELSO MIQUEL, *El drama oculto. Buñuel, Dalí, Falla, García Lorca y Sánchez Mejías*. Madrid: Ediciones de la Torre, 1992 (Nuestro Mundo, n.º 31.) (Donación de los editores.)

CATÁLOGO DE VENTAS

	Venta al público	Amigos de la Fundación
Tres Diálogos. F. G. L. Granada: Universidad/Junta de Andalucía. 1985. (Agotado en librerías)		500 pts.
Nueva York en un poeta, recuerdos **de García Lorca en América.** Colección Zig-zag. FFGL/Tabapress. 1990. Introducción de Christopher Maurer.....................................	800	600 pts.
Poeta en Nueva York y otras hojas y poemas. Transcripción y notas: Mario Hernández. FFGL/Tabapress.1990. Edición facsimilar.	7.000	4.500 pts.
Libro de los dibujos de Federico García Lorca. Mario Hernández. Madrid: FFGL/Tabapress. 1990.	9.000	5.800 pts.
Manuscritos de la obra poética de madurez: **Vol. I. Catálogo general de los fondos documentales** **de la Fundación Federico García Lorca.** Edición, Christian de Paepe. Madrid: Ministerio de Cultura/FFGL. 1992...................................	1.700	1.000 pts.
Lorca. Madrid: Centro Dramático Nacional. 1986. 14 cuadernos.	1.400	1.000 pts.
Carpeta con seis dibujos facsimilares **de Federico García Lorca.** Madrid FFGL/Testimonio Compañía Editorial, 1991.	47.000	25.000 pts.
Boletín de la Fundación F.G.L. 1 ejemplar.. Suscripción anual (2 ejemplares)	900 1.200	gratuito gratuito
Los estrenos teatrales de Federico **García Lorca (1920-1945).** María Francisca Vilches, Dru Dougherty. Madrid: FFGL/Tabapress, 1992.	900	700 pts.
El teatro en España entre la tradición **y la vanguardia (1918-1939).** (Actas del seminario.) Dru Dougherty, Mª Francisca Vilches (Eds.). Madrid: CSIC/FFGL/Tabapress. 1992.	4.000	3.000 pts.

FUNDACIÓN FGL   CSIC. C/ JORGE MANRIQUE, 27 28006 MADRID   TF.: 561 57 79

Í N D I C E

Í N D I C E

ÍNDICE

Í N D I C E

ÍNDICE

Í N D I C E

Í N D I C E

Í N D I C E

Í N D I C E

50° ANIVERSARIO DE LA EDICIÓN PRINCIPE DE *POETA EN NUEVA YORK*